PARLEMENT ESPAGNOL

INTERPELLATION SUR LE PROCÈS FERRER

DISCOURS

prononcés le 29 et le 30 mars 1911

por Monsieur Melquiades Alvarez, Député républicain.

MADRID
P. ORRIER, Editor
PLAZA DE LA LEALTAD, 2

—

1911

PARLEMENT ESPAGNOL

INTERPELLATION SUR LE PROCÈS FERRER

DISCOURS

prononcés le 29 et le 30 mars 1911

por Monsieur Melquiades Alvarez, Député républicain.

MADRID
P. ORRIER, Editor
PLAZA DE LA LEALTAD, 2

1911

M. LE PRÉSIDENT: M. Alvarez (Melquiades) a la parole.

M. ALVAREZ (Melquiades): M. le Président de la Chambre va me permettre, et MM. les Députés me permettront également de donner une expli-
cation, une satisfaction à mon ami M. Salillas et aux membres de la minorité radicale. Je ne veux pas que pour ce futile prétexte de prélation dans le
débat, les différences qui existent entre nous puissent être augmentées.

Je devrais avoir parlé, M. le Président de la Chambre, après M. Salillas
et après d'autres orateurs qui dit-on, avaient annoncé leur intention d'intervenir dans ce débat; mais, franchement, il y a quelque jours que je suis me-
nacé par la maladie qui fait tant de victimes en ce temps-ci et j'eus peur de
voir mes forces, mes énergies et ma volonté complètement anéanties avant
que mon tour de parler arrivât. Une maladie dont je serais la victime en ces
moments pourrait paraître aux gens une comédie et je crains davantage les
commentaires de la malice que toutes les fatigues que produit le débat.
Pour cela je saisis l'allusion dont j'avais été l'objet de la part de M. Soriano
pour intervenir dans le débat et mettre mon discours avant celui de M. Salillas que tout le pays attend avec une extraordinaire auxiété.

Vous vous souvenez sûrement, MM. les Députés, que M. Soriano, dans
l'éloquent discours qu'il termina hier manifestait au Parlament que le procés Ferrer était autre chose que le symbole d'une furieuse lutte entre deux
partis radicaux, c'était comme la lutte entre deux grandes idées.

M. Soriano, selon moi, avait raison, quoique son jugement paraisse exa-
geré à beaucoup de personnes, et il avait raison, MM. les Députés, parce
que ce procés Ferrer qui a provoqué une crise parlementaire et menace,
d'après ce que l'on voit, d'en provoquer beaucoup d'autres, constitue un thè-
me d'actualité palpitante encore dans la politique espagnole, et a réveillé, en
plus, un formidable mouvement de protestation dans toute l'Europe et je
crois que les choses futiles et petites ne produisent jamais de semblables
évènements, et pour cela je crois que M. Soriano à raison.

La protestation européenne m'a beaucoup préoccupé, ainsi qu'à vous sûrement; elle m'a préoccupé par sa signification, non pas parce que je crusse,
comme l'ont crû quelques uns, que c'était un outrage pour notre nationali-
té. Non, messieurs. Je déclare que je n'ai rien vu en elle qui puisse paraître
offensant pour l'armée, pour l'honneur de la patrie *(Rumeurs)*; d'autres y
ont vu les outrages, je le sais; ils les ont vus soit par excès de suspicion ou
par una exaltation légitime de leur susceptibilité, d'autres parce qu'ils ont

exploité cette vieille cantilène pour protèger avec le manteau du patriotisme les terribles responsabilités d'une politique, et les injustices, d'après moi claires, d'une répression. L'heure d'être sincères est arrivée, messieurs, et moi je vais l'être. *(Rumeurs.)*

Cette protestation formidable de l'Europe dans laquelle on a vu des monceaux de boue lancés sur notre honneur, a toujours laissé la dignité de l'Espagne, à sauf; s'il n'en avait pas été ainsi nous aurions tous pêché, libéraux et republicains, d'un crime de lèse patriotisme en ne nous incorporant pas momentanément au parti conservateur et défendre alors ce que nous devions défendre: la Patrie qui est au-dessus de nos misérables discordes. Et nous n'en avons rien fait. Vous et nous, libéraux et republicains, guidés alors par plusieurs chefs, parmi lesquels était M. le Président du Conseil des Ministres actuel, nous demandâmes à tue-tête la chute de M. Maura, et nous la demandâmes parce que nous la crûmes nécessaire pour la tranquillité du pays, parce que nous la considerâmos indispensable pour maintener la respectabilité de notre nom devant l'etranger. Qui peut en douter, MM. les Députés? Nous ne crûmes, jamais que cette protestation de l'Europe fut une algarade politique formée par les anarquisants et des intellectuels d'une certaine catégorie. Non, nous crûmes que cette protestation était quelque chose de plus noble, répondait à un sentiment commun de solidarité humaine qui chaque jour est plus enraciné dans la conscience universelle, estimulée par l'amour de la justice qui est le patrimoine de tous et par la soumission aux grands intérêts de la liberté et de la civilisation. Qui peut en douter M. Canalejas? Il y a dans la vie moderne internationale un genre spécial d'intervention contre lequel il est inutile de se rebeller parce que, non seulement elle est chaque jour plus accentuée, mais elle est aussi protégée par l'autorité indiscutable de la science y surtout le consentement unanime des peuples cultes et progressif.

Cette intervention matérielle de la force n'est pas toujours dûe à des conquètes expoliatrices et des convoitises injustifiées; c'est une intervention civilisatrice, spirituelle, délicate, un peu subtile, qui ne débilite pas le pouvoir souverain de l'Etat mais qui exerce un pouvoir formidable sur la conscience collective d'un peuple. Nier cela équivaudrait à nier la réalité. C'est dans cette intervention que trouvent leur frein toutes les tyrannies qui naissent vigoureuses dans les peuples faibles et décadents; c'est dans cette intervention que beaucoup de lois et beaucoup d'institutions qui répondent à l'interêt politique des Gouvernements trouvent leur mort parce qu'elles sont incompatibles avec le respect sublime de la dignité humaine.

Le caractère de la protestation, fut, d'après moi, celui-là et personne ne peut en douter: un mouvement de solidarité humaine engendré par l'interêt de la justice; une intervention de l'Europe civilisatrice en cette pauvre Espagne qui avait donné lieu à la naissance, par la faute de ses gouvernements, à la légende inquisitoriale dont on nous fait si souvent honte à l'étranger; un appel, M. Maura, un appel fait à grands cris et, si vous voulez, avec des voix colériques, mais un appel fait à ce pays pour qu'il secouat sa léthargie, pour qu'il entrat, ainsi, dans la communauté juridique des peuples cultes *(M. Maura sourit)* et surtout malgré ce rire sardonique de M. Maura *(Applaudissements dans la minorité républicaine),* surtout un appel pour que nous mettions fin à ces injustices, qui parfois naissent de lois archaïques, mais d'autres fois de la conduite maladroite, aveugle et éffrénée de Gouvernements réactionnaires. *(Bien, dans la minorité républicaine.)*

Toute protestation a un nom qui la symbolise et a une raison ou une apparence de raison qui la légitime, le nom de cette protestation a été Ferrer, transformé pour notre malheur, par l'imagination ultra-pyrénéenne, en un réprésentant excelse de l'intellectualité espagnole. La raison en a été simple, très simple, mais assez efficace pour exciter l'ame passionnée et sentimentale des foules. Cette raison est la croyance que Ferrer était innocent, la conviction profonde qui existait à l'étranger que Ferrer avait été, ici, en Espagne, une victime des haines politiques et du fanatisme religieux, croyance et conviction qui prirent racine en Europe quand on observa que Ferrer avait été condamné à la dernière peine par un Tribunal militaire, trois mois après que les événements ètaient passés, sans avoir été pris les armes à la main, en vertu de lois et de procédés dont le *Times* disait discrètement ne pas être une garantie de sûreté, d'impartialité ni de justice pour la conscience juridique du peuple anglais. *(Rumeurs.)*

A moi qui me suis proposé d'être franc il m'était indifférent qu'on eut considéré Ferrer, à l'étranger, comme symbole représentatif de la mentalité espagnole parce que le temps, qui est toujours le grand maître des vérités, détruirait peu à peu le piedestal sur lequel se dresserait une renommée usurpée; mais à moi espagnol, qui aime mon pays, qui aime l'armée comme qui plus, son innocence me préoccupait, parce que l'innocence est un fait que les ans ni le silence ne font évanouir, au contraire il grandit chaque jour davantage dans le temps et l'histoire qui à l'habitude de glorifier la victime par l'inmortalité et de couvrir les bourreaux d'approbre. Moi, espagnol, je sens le besoin d'eclaircir ces faits, par un devoir patriotique, parce qu'on sert la Patrie en jouant la vie pour la défendre, mais on la sert aussi en rendant un culte à la justice pour l'ennoblir, car c'est par la justice que les Nations acquierent la force morale dans le monde.

L'innocence le Ferrer serait-elle vraie, MM. les Députés? Serait-il vrai que par erreur ou par passion on avait commis, dans mon pays, l'iniquité de condamner un innocent et que par le fait de l'avoir consenti nous mériterions la malédiction de tous les peuples cultes? Cela serait-il vrai? Je me rebelle tonjours contre une telle supposition et pour moi, je crois aussi pour vous corréligionaires et amis, pour moi une telle erreur n'existait point: ni injustice dans la cause, ni illégalité dans les poursuites; pour moi rien de tout cela n'existait; ce qu'il y avait seulement c'était une erreur terrible, impardonnable, commise por M. Maura qui, ayant reçu des confidences par les ambassadeurs sur ce qui se passait dans le monde, n'avait pas hésité à défier toute l'Europe, en compromettant ainsi les hauts intérêts qui lui étaient confiés, et ce qui vaut davantage, le prestige et le nom de l'Espagne.

En dehors de cela, je ne croyais pas qu'il y eut rien d'anormal dans les poursuites, rien d'injuste, rien qui put motiver nos censures. On me parla de l'innocence de Ferrer. Je n'y crus pas. Je fus impressionné, pourqnoi ne le dirais-je pas? par sa mort, sa fermeté sans fanfarronnerie, avec une resignation qui pouvait être étudiée mais qui semblait la résignation du juste. Ferrer en mourant sut demostrer qu'il avait cette belle éloquence du caractère qui est l'éloquénce la plus persuasive. Sa mort m'impressionna; pourquoi ne le dirais-je pas? Je fus impressionné par sa dernière lettre, interrompue pour aller aux fossés de Montjuich où il allait être fusillé, écrite à l'unique personne pour laquelle il eut peut-être de l'affection au monde, confidentielle, réservée et dans laquelle Ferrer protestait aussi de son innocence et je le fus aussi par le récit de ces correligionnaires et amis qui s'injuriaient secrètement en se qualifiant réciproquement de déloyaux, mais qui éliminaient tous, la participation et la culpabilité de Ferrer.

Sera-ce vrai?—disais-je—et je considérai nécessaire d'étudier le procès, et je lus le procès, et je dévorai le procès; et non réconforté par mon opinion, je consultai ceux qui pouvaient être eloignés des luttes politiques. Je me suis souvent trompé dans ma vie professionnelle et je peux me tromper maintenant: plut à Dieu qu'il en soit ainsi, mais je serai méprisable si je cachais ma pensée; et je dois vous dire, à vous, représentants de mon pays qu'en lisant le procès, on adquiert la conviction de l'innocence de Ferrer, la conviction que cette sentence dictée par le Conseil de Guerre est une sentence injuste. *(Sensation, applaudissements dans la minorité républicaine-socialiste.)*

M. LE PRÉSIDENT: M. Alvarez veuillez expliquer ces mots et arrêtez-vous devant le respect dû aux Tribunaux de justice. *(Fortes rumeurs dans la minorité républicaine.)* Il faut les respecter absolument. C'est indispensable.

M. LE MINISTRE DE LA GUERRE (Aznar): Ce jugement est juste et accepté par le gouvernement. *(Protestation de la Gauche. Plusieurs députés republicains prononcent des mots qu'on ne perçoit pas.)*

M. LE PRÉSIDENT: M. Alvarez a des moyens de reste pour exprimer sa pensée sans employer cette qualification et il faut respecter ce qui est par dessus tout: l'indépendance des tribunaux. *(MM. Soriano, Salvatella, Nougués, Lerroux et autres de la minorité républicaine prononcent à la fois des mots qui ne se perçoivent pas clairement.)*

M. LE MINISTRE DE LA GUERRE (Aznar): Cela est intolérable! Est-ce que vous voulez venir ici injurier l'armée? Cela ne peut être consenti! Cela est très grave; la Chambre ne doit pas le tolérer et le pays ne le tolèrera pas non plus. *(Les protestations de la minorité républicaine continuent. M. le Président réclame de l'ordre avec insistance.)*

M. LE PRÉSIDENT: Veuiller expliquer votre pensée, M. Alvarez. La Présidence vous y invite. *(MM. Azzati, Soriano, Lerroux et d'autres protestent.)*

M. LE MINISTRE DE LA GUERRE: Ici vous ne devez pos vous imposer au pays et vous ne vous y imposerez pas!

M. LE PRÉSIDENT: Je requiers M. Alvarez pour qu'il retire ou explique cette qualification.

M. LE MINISTRE DE LA GUERRE (Aznar): Il est intolérable d'entendre qualifier d'injuste la sentence dictée par un tribunal, suivant la conscience et la loi! Où en arriverions-nous? *(Approbation dans la majorité et la minorité conservatrice. Fortes protestations dans la minorité républicaine).* Voulez-vous convertir ceci en une Convention? *(Les protestations continuent dans la minorité républicaine. M. le Président agite la clochette en reclamant de l'ordre).* Non, et mille fois, non.

M. ALVAREZ: M. le Président, il n'y a rien d'aussi préjudiciable pour un pays comme de confondre d'adulation avec le respect de l'armée. *(Très bien dans la minorité républicaine).* Celui qui adule l'armée, l'adule non pour servir la Patrie, mais bien pour l'employer comme instrument dans un but intéressé. *(Approbation à Gauche.)* Ceux qui ne l'adulent point, ceux qui la respectent comme moi, c'est parce qu'ils voient dans les soldats, le bras armé de la Patrie pour défendre son honneur, mais ils ont le devoir de montrer les défauts, les erreurs ou les actes arbitraires que pourraient commettre les individus qui font partie de la collectivité armée.

M. LE PRÉSIDENT: Mais il s'agit d'une sentence ferme, dictée selon la loi.

M. ALVAREZ: M. le Président, permettez; ne donnons pas un triste spectacle dans le Parlement.

M. LE PRÉSIDENT: Je l'espère de votre part.

M. ALVAREZ: Ne donnons pas un triste spectacle dans le Parlement en voulant rendre inviolable ce qui, d'après la Constitution ne l'est point. D'après la Constitution, c'est le roi qui est inviolable et il semblera étonnant que libéraux et démocrates, partisans de la souveraineté populaire aient laissé le roi sans défense quand on y fit allusion et ne permissent point maintenant de parler de ceci.

M. LE PRÉSIDENT: Le roi ne fut point laissé sans defense. Je vous prie de rectifier une phrase que la Présidence ne peut tolérer. *(Approbation dans la majorité. Murmures à Gauche).*

M. ALVAREZ: Que voules-vous que je rectifie M. le Président et MM. les Députés? Quand il est commis une erreur en des questions dogmatiques et théologiques, l'erreur n'est pas qualifiée d'erreur, on l'appelle hérésie; quand on commet une erreur en matière juridique, l'erreur ne s'appelle pas erreur, elle s'appelle injustice. *(Très bien, très bien, dans la minorité républicaine.)*

M. LE PRÉSIDENT: Vous n'avez point prouvé l'injustice et vous avez anticipé la qualification. Je vous invite de nouveau à expliquer l'idée.

M. ALVAREZ: C'est ce que je vais faire. J'espère que toute la Chambre, qui a toujours été si bienveillante pour moi, le sera encore pour me permettre de lui démontrer la légitimité du qualificatif; ensuite pour le discuter, car je veux seulement convaincre MM. les Députés...

M. LE PRÉSIDENT: Je requiers de nouveau M. Alvarez, et j'espère qu'il expliquera, qu'il rectifiera la dangereuse phrase qu'il a émise.

M. ALVAREZ: ... de ce que la sentence prononcée dans le procés Ferrer est un jugement injuste et je veux vous convaincre, en démontrant qu'il est originé par des causes dans lesquelles interviennent plusieurs facteurs; la loi, qui étant insuffisante, anachronique, restrictive et barbare (et en parlant ainsi de la loi je blâme tous les Députés qui y ont collaboré) engendre l'injustice, et, en plus, la faute, M. le Ministre de la Guerre, des autorités militaires, je le dis bien clair, des autorités militaires, qui en outre d'avoir interprété restrictivement la loi, par erreur, puisque non par malice, l'ont violé. *(Le Ministre de la Guerre:* Et, pourquoi, monsieur, n'en demandez-vous pas la modification? Bruits dans la minorité républicaine.)

Je vais démontrer aussi que la faute imputable à la loi et aux autorités militaires est principalement la faute du parti conservateur, qui permit la marche d'un procés évidemment tendencieux, et qui donna lieu, parfois avec son intervention, et d'autres fois avec sa passivité, à ce que, en ne concédant pas la plus généreuse de toutes les grâces, la justice pour votre malheur, resultat méprisée. C'est clair? Mais je vais le prouver.

Messieurs les Députés, je parle de la loi, qui est la première dans cette gradation des causes, que je viens d'établir comme génératrices de la faute. Quand les lois sont extravagantes et absurdes, leur application engendre fatalement le procédé arbitraire. Filanghieri, celébre juriste du xviii siècle, le disait dejà: une loi injuste cause plus de ravages sociaux que le plus répugnant des crimes, et il avait bien raison, parce que les lois se convertissent presque toujours en régles directrices de la vie sociale.

Or, le procédé pénal étant une des multiples formes du droit objectif dont nous parlait ici le Ministre de Grâce et Justice, et son côté unitaire et formaliste la garantie la plus puissante qui assure son triomphe devant les tribunaux, le procédé a besoin, si vraiement il doit répondre à ses buts élevés, de consacrer toutes ces amplitudes et facilités qui conduisent à éclairer la vérité et à la révendication légitime de l'innocence. En n'agissant pas ainsi, il y a le danger, que la justice, au lieu de prévaloir, succombe dans les débats judiciaires, et succombe, plutôt que par les mauvaises passions des hommes, par faute de la loi même, en oubliant le devoir, en méprisant la raison et en portant un grave préjudice aux intérèts publics.

C'est précisement ce qui est arrivé dans le procés Ferrer et dans des autres procés originés par la semaine tragique; c'est ce qui arrivera tant que restera en viguer dans le Code pénal de Justice militaire le côté anachronique et barbare, dans lequel subsiste encore, pas une espèce d'atavisme de nos lois pénales, tous les soupçons et les méfiances de l'ancien procédé inquisitorial; dans lequel on définit les délits avec un vague dangereux, propice à tous les caprices de l'arbitraire et toutes les subtilités de l'hermeneutique; dans lequel l'on châtie ces mêmes délits avec une sévérité draconienne, propre des temps du moyen-âge, digne de ressuciter, par son injustice les célèbres et immortelles apostrophes de Beccaria.

Pour cela j'ai dit que les jugements dictés par les Tribunaux militaires sont bien des fois des outrages scandaleux à la sainteté auguste du droit.

LE PRÉSIDENT: Les deux heures destinées à cette partie de la séance sont passées. L'on va demander au Congrès s'il accorde de la prolonger.— La prolongation est accordée.

ÁLVAREZ GONZÁLEZ: L'attribuer à la prévarication, à la malice, à l'ineptitude professionelle des Tribunaux militaires, cela serait une énorme injustice. Non. C'est en partie, monsieur Aznar, il me semble que je m'explique avec une suffisante clarté, c'est en partie l'œuvre de la loi même, qui enchaine la pensée des juges par des restrictions injustifiées, en les faisant tomber fatalement dans l'erreur, et par fois, avec étonnement d'eux-mêmes, dans l'iniquité. (*Bruits. Le Ministre de la Guerre prononce des mots que l'on n'arrive pas à entendre. Le Président joue de la clochette.*)

Je vais le démontrer; seulement par un coup d'œil sur quelques-unes des dispositions, vous pourrez vous convaincre de ce que j'affirme.

Il suffit de remarquer que dans le procédé pénal de justice militaire, le juge instructeur, se servant beaucoup de fois du moindre prétexte, peut garder incommuniqué l'accusé pendant tout le temps du sommaire, sans qu'une pareille faculté apparaisse limitée dans la loi, si ce n'est par un simple avertissement dont on peut facilement ne tenir aucun compte. En invocant à tout moment la crainte, que l'inculpé peut se mettre d'accord avec des personnes étrangères, cette mesure du procédé, qui, comme mesure exceptionnelle devrait être transitoire et éphémère, arrive à se transformer en une mesure de caractere indéfini et permanent. C'est ce qui est arrivé avec Ferrer, qui futarrêté à Alella par le *somatén* de Mongat le premier septembre, et qui resta incommuniqué jusqu'au 22 du même mois, dans lequel l'on éléva la cause à plenière, sans que pendant tout ce temps ce malheureux ait pu se renseigner sur les machinations insidieuses que l'on tramait contre lui.

Il suffit de remarquer por vous donner une idée du caractère archaique de notre Code pénal militaire, que les Tribunaux militaires peuvent appliquer la peine correspondante au délit dans toute l'extension de ses differents dégrès, sans subordonner jamais son critère punitif à l'existence on non existence des circonstances modifiantes de la responsabilité criminelle.

De manière que quand il s'agit d'un délit qui apporte avec soi, par exemple, la peine de réclusion temporaire, peine qui a un minimum de douze ans et un jour et un maximum de vingt ans, le Tribunal militaire peut appliquer le minimum ou le maximum, sans tenir compte de l'existence on non des éléments qui atténuent ou aggravent la responsabilité du délinquant. Y a-til, M. Canalejas—parce que c'est vous qui allez répondre à cette partie de mes conclusions—qui se prête dans la pratique à de plus irritantes inégalités?

Je ne me souviens pas qui l'a dit (je crois que c'est Benjamin Constans), que le Pouvoir judiciare était le Pouvoir le plus absolu et le plus à craindre de la terre et que pour prendre des précautions contre ses possibles abus, il était néces·aire de le règlementer minutieusement, par une casuistique semblable à celle du Tamud juridique; et pour éviter ce danger sont venues les réformes de presque tous les Codes élaborés en Europe pendant le siècle passé. Seule l'Espagne est une exception, en conservant le Code de justice militaire et la loi de jurisdictions qui, dans l'ordre juridique, constituent notre plus grand opprobre vis à vis du monde comme si nous avions interêt a faire croire aux gens, que le sentiment de la discipline militaire ne se fortifie pas avec la conscience du devoir et avec l'idée du sacrifice, mais bien que l'Espagne a comme sanction la cruauté, et comme la plus efficace des garanties, l'injustice.

Dans le Code pénal militaire la détermination des circonstances modifiantes des responsabilités reste toujours confiée au prudent arbitre des Tribunaux, ce qui engendre une incertitude dangeureuse; l'incertitude que l'accusé ne connait jamais d'avance la portée de sa responsabilité, et en plus constitue un puissant stimulant pour l'abus et l'arbitraire. C'est ce qui est arrivé dans le procès de ce pauvre Clemente García, qui en plus d'être imbecile, imbécilité prouvée dans son temoignage même, fut condamné à mort pour la supposition qu'il avait commis un délit de rébellion pour avoir apporté quelques pierres aux barricades; et pour le condanner à mort ou dut tenir compte comme circonstance aggravante du fait d'avoir pris une momie, tandis que ni cette circonstance est aggravante, ni a une relation avec le délit qu'on lui impute, ni met en évidence d'aucun côté l'aggravation du délit.

Voules-vous une autre preuve de la barbarie de notre Code? Bien, re-marquez ce détail, révélateur trés éloquent de sa structure: dans la juris-diction pénale ordinaire, comme vous le savez, la cause est remise toujours au défenseur avec un laps de temps prudentiel pour qu'il puisse formuler l'écriture de qualification provisoire et pratique ou formuler les preuves qui conduisent à la meilleure défense du client. Ici, non, M. le Ministre de Grâce et Justice et M. le Ministre de la Guerre, ici non; ici une fois que la cause a été élevée à pleinière, le juge cite le défenseur et l'accusé, il leur lit toutes les accusations et toutes les charges qui existent contre ce dernier et sur le moment, dès que la lecture est terminée, il exige au premier qu'il formule l'exception d'incompétence, l'exception de chose jugée et les preuves néces-saires de son exculpation. C'est à dire, qu'après une lecture de plusieures heures, qui sûrement doit tourmenter l'esprit de celui qui écoute, même si elle est interrompue par des intervalles de repos, la loi oblige l'accusé à for-muler la preuve sans le temps de la méditer ni même pour réfléchir sur sa défense. Est-ce que cela n'équivaut pas à l'enchainer dans la cause même et à rendre impossible sa défense?

Et encore—parçe que je vais relever une des allusions du Ministre de Gra-ce et Justice—et encore si l'on permettait au défenseur et à l'accusé de prati-quer toute sorte de preuves pour se défendre! C'est clair qu'il ne serait pas difficile d'obtenir l'absolution, si vraiment il était innocent; mais non, il ne peut présenter d'autre preuve que la déposition de l'expert, l'enquête judi-ciaire et la ratification des témoins qui auront déposé dans le sommaire; mais comme l'accusé n'a aucune intervention dans le sommaire et que l'on ne pratique d'autre preuve que celle qui est retenue convenable et utile par le juge instructeur et l'auditeur de Guerre, dans la généralité des circonstan-ces, le coupable reste absolument indéfendable.

Dites-moi: à notre honte, avez-vous vu au monde un Code plus barbare, plus inquisitorial, plus injuste que le Code pénal de Justice militaire? Bien, ce code, c'est celui que l'on a appliqué pour juger les événements arrivés pen-dant la semaine tragique. *(Bruits.)* Écoutez-moi; je continue à raisonner.

De façon que, plus que la justice, ce qui inspire le Code pénal de Justice militaire: c'est le sentiment du sopçon sa trame du procès *(vous voyez, M. le Ministre de la Guerre, comme l'armée est en dehors de tout ce qui ne peut lui être attribué),* semble faite expressément pour enchaîner l'innocent, et rendre impossible sa liberté. Il suffit une petite passion de la part du juge, ser-vie ou tolérée par l'auditeur de Guerre, pour que l'artifice légal du sommaire résulte indestructible et pour que, au contact de ses pages parfois faussées, parfois insuffisantes, disparaissent, au préjudice de l'accusé, la rectitude et l'impartialité de juges. De manière, messieurs les Députés, que si ceci est le Code, cela ne peut vous étonnerque j'attribuasse une partie de la faute, com-me élément générateur de ce jugement injuste, aux insuffisances et restric-tions arbitraires de la loi.

Un grand politicien français—et les politiciens français, d'habitude ne sont pas trop pris en compte en ce qui se rapporte à la politique espagnole—un politicien français disait que l'on ne peut gouverner quand l'on est sous l'in-fluence du fétichisme des lois, et, même, il arrivait à affirmer, que quand il

y avait l'assurance que la loi, dans son application pratique, pouvait engendrer un danger social, celui qui est au pouvoir suivrait l'esprit de la justice en évitant son application, *(Bruits dans la minorité conservatrice,
M. Dato: la doctrine ne me semble pas trop libérale.)* Evidemment cette
théorie apporte au fond de l'esprit une certaine saveur anarchiste, et avec
cette observation je vais au devant de votre étonnement; mais, M. Dato,
vous qui appartenez à la fraction la plus transigeante du parti, en repré-
sentant les idées libérales de Silvela, vous qui êtes si bien au courant de toutes les évolutions de la science juridique, vous savez mieux que moi que l'on
discute aujourd, hui si les lois pourront avoir leur efficacité quand elles ne
sont pas précédées par la volonté du peuple, formulant la même règle juridique au moyen de la coutume, ou si elles ne suivent, tout au moins, l'esprit
universel de la justice humaine. Et quoique je ne sois pas d'accord avec ces
croyances, je dois tout de même vous dire que quand il s'agit de lois injus-
tes, de lois cruelles, de lois qui peuvent engendrer, en pratique, l'arbitraire
et l'erreur, le gouvernant doit surveiller sévèrement qu'elles ne se dénatu-
ralisent pas, et doit essayer, aussitôt qu'un cas se présente qui puisse nuire
aux sentiments nobles de la justice humaine, de le corriger au moyen de cette grâce souveraine, que, à leur honneur, les Constitutions de tous les pays
concèdent aux chefs de l'État.

Et maintenant parlons du procès en lui même. Je ne veux point analyser
cette preuve inutile et lourde du procès, qui en plus de fatiguer sûrement
l'attention de messieurs les Députés, n'aboutirait à rien de positif. Je préfè-
re, de grandes synthèses, brèves, claires, qui servent pour nous donner à
nous tous une idée complète de la cause, sans omettre aucun élement impor-
tant de preuve, sans dénaturaliser aucun détail substantiel. Et soyez sûrs,
messieurs les Députés, que si je réussis à exprimer avec fidélité ma pensée,
vous tous, les libéraux qui formez la majorité, vous vous sentirez, comme
moi, attristés devant ce jugement.

A Barcelone, un juge militaire appellé Llivina, commença par instruire un
sommaire contre tous les directeurs, organisateurs et promoteurs de la rébellion de Barcelone; et l'on continua à former ce sommaire avec des témoignages et des démarches d'origines bien diverses; avec le témoignage du
chef supérieur de Police, M. Guijarro, celui de l'inspecteur général de Surveillance, et de tous les inspecteurs de sureté et d'ordre public de Barcelone; avec le rapport de M. Ossorio Gallardo, Gouverneur civil de la pro-
vince et de plusieurs agents d'ordre public, et celui d'une foule de témoins,
les uns par ouï-dire, et d'autres qui se disent témoins de vue du fait.

Et, pour que rien ne manque dans ce singulier procès, M. le Ministre de
Grâce et Justice, et je réponds par ceci à un de vos arguments, on apporta
aux enquêtes, comme élément de preuve, que pourriez-vous vous immagi-
ner? Et bien, quelques anonymes, six ou sept anonymes, écrits sans doute
par des gens lâches et vils; anonymes dans quelques-uns desquels l'on invo-
que la ferveur religieuse, sans doute pour cacher hypocritement son caractère de piété chrétienne!

Jusqu'au folio 327 des enquêtes de cette cause, on ne trouve pas le plus
insignifiant indice de culpabilité contre Ferrer. Tout ce qu'affirmèrent ces
autorités c'est que la révolution avait été préparée mystèrieusement et avec

habileté, avec l'intervention de républicains exaltés, partisans de M. Lerroux, d'éléments anarchistes, parmi lesquels M. Ferrer jouissait d'un grand nom; des nationalistes catalans, l'organe desquels, dans la Presse, avait réussi à engendrer une vive protestation d'indignation en Catalogne contre la guerre du Rif, et, finalement, des syndicalistes militants afiliés à la solidarité ouvrière. Contre Ferrer, pas le moins insignifiant des mots, pas le plus léger indice d'accusation. Vous l'entendez bien? Pas le plus insignifiant des mots, ni la moindre trace d'accusation. Personne n'ose dire qu'il avait vu dans les barricades, ni faisant partie des groupes révolutionnaires, ni organisant le mouvement, ni donnant de l'argent pour la révolution, ni même inspirant ces campagnes de la Presse, qui au dire de certains éléments ultramontains, avait ouvert avec impétuosité l'écluse des haines et des passions.

En échange, M. le Ministre de Grâce et Justice *(parce que je me suis convaincu par votre discours de cette après-midi, que vous n'avez pas lu le procès)* apparaissent éparpillés séparément dans la cause, des charges concrètes contre Emiliano Iglesias, contre Luis Zurdo Olivares, contre Trinité Alted, et d'autres redacteurs de *El Progreso*, dont l'article *Remember*, évocateur des souvenirs de l'anée 1885 avait été, selon l'avis de M. Ossorio Gallardo, une excitation à la révolte et à l'incendie. Comme rien ne paraît contre Ferrer, on ne peut poursuivre Ferrer; mais comm'il parait des charges concrètes, comme exécuteurs de la rébellion, contre les messieurs que je viens de citer, on les poursuit. Au folio 327—*M. Canalejas, dont l'esprit retient avec tant de facilité tout ce qu'il écoute, doit m'écouter avec attention—*, au folio 327 commencent à se montrer, et assurément très faiblement, les premiers indices accusatoires contre Ferrer, et il faut noter que ces accusations coïncident avec l'arrivés, à Barcelone, du fiscal M. Ugarte, et noter surtout, que ces accusations coïncident avec une campagne antiferreriste de la Presse, dont les échos semblaient se répercuter presque immédiatement dans le procès. Racines de la cause, fondements uniques du procès, deux; seulement deux. Le rapport du sergent de la gendarmerie, commandant du poste de Badalona, M. Manuel Velázquez y González, et un autre rapport du général Brandeis, dont le contenu se vide presque entièrement dans la cause générale. Remarquez-le bien. Le rapport du général Brandeis, tout en étant très long, ne contient qu'un seul témoignage: celui de M. Alfredo García Magallán, qui dit que, un jour, de retour du Parque, par la place de Antonio López, il entendit—remarquez bien ceci—un tel Pierre, qui, à son tour, avait entendu dire par d'autres personnes, qu'il ne nomme pas, que les promoteurs de la rébellion étaient Emiliano Iglesias et Francisco Ferrer Guardia. Il s'agit, comme vous le voyez, d'un témoignage, qui n'est pas direct mais bien d'ouïe, d'une référence de second dégré, d'une référence, en outre, indéterminée, insignifiante, ridicule, sans valeur probante, de sorte, par la même qu'elle se limite à exprimer un bruit vague et indéterminé.

Et comme le fondement sans consistance d'un pareil bruit n'était autre que: M. Ferrer avait réalisé un jeu de Bourse, jeu qu'il ne réalisa point—comme le prouvent les documents de la Chambre syndicale et des agents de change de la Bourse de Barcelone—le bruit, comme faux, se dissipa dans le plus grand mépris. De façon qu'une des racines accusatoires est si faible qu'elle ne résiste pas au moindre souffle de la critique.

Et il ne reste que l'autre, à savoir: un rapport rédigé par le sergent, M. Manuel Velázquez, rapport qui se limite à reproduire, comme le disait hier monsieur Soriano, le témoignage de François Domenech. Je ne dois point parler des singularités suspectes de ce témoin qui oublie, par un prodige de mémoire intermittente, tout ce qui lui est contraire. Je ne dois point parler de ce que M. Soriano commentait, à savoir: qu'il etait parti rapidement pour Buenos Aires, trouvant toutes les facilités pour le voyage quand Barcelone était en état de guerre, et en plus, lui qui était un pauvre ouvrier qui n'avait pas d'argent pour le réaliser. Moi je veux le convertir, par ses antécédents, en un modéle de sereine honorabilité, et pour l'admetre ainsi; j'accepterai le témoignage tout entier sans supprimer un seul mot, sans éliminer une seule idée, sans écarter un seul chapitre des charges que ses paroles passionnées contre Ferrer font naître, ni même les charges qui sur les lèvres du déclarant ne sont qu'une simple supposition et un léger soupçon. Peut-on exiger plus de générosité? Or, même ainsi il ne reste rien, absolument rien qui puisse légitimer le procédé des autorités de Barcelone parce que tout ce qui est dit par Domenech se réduit au fond—je simplifie—à manifester que Ferrer se trouva à Barcelone le jour 26 juillet, qu'ils allérent ensemble à la rédaction de *El Progreso* pour s'informer de ce qui avait été accordé par ses compagnons; qu'il retourna tard au café de la rue Aribau, où par hasard il trouva Calderón Fonte, Tuban et Litràn; et que, en sortant, il dit qu'Emiliano Iglesias avait refusé de signer une protestation contre le Gouvernement, en menaçant de la révolution et de s'y mettre à la tête si l'on ne cessait point d'embarquer des troupes pour Melilla; et après avoir manifesté qu'en allant par la rue de la Princesa il rencontra un tel Moreno, professeur rationaliste, qui après avoir manifesté à M. Ferrer qu'eux étaient déjà compromis ajouta: "Malheur à celui qui manque, nous faisons de lui ce que l'on fait en Russie des traîtres!„ il déclare que le 28, à dix heures du matin, il trouva Ferrer qui entrait dans son établissement de coiffeur, et qu'il lui ordonna d'aller chercher *Llarch*, Puig et Ventura, président du Casino Républicain pour s'informer s'il arrivait quelque chose, et que, les deux ensemble, avaient parlé de proclamer la République. Au fond le petit coiffeur de Masnou ne dit pas autre chose.

Moi, messieurs, je laisse de côté quelques coïncidences théâtrales et de merveilleuses invraisemblences. Le coiffeur rencontra au café et dans la rue tous les plus importants agents de la conspiration. En outre je ne veux pas m'arrêter à l'absurde que ce fait représente, d'envoyer au Gouvernement une protestation, en le menaçant de faire la révolution et en la signant, ce qui était comme se confesser coupables du délit et s'ouvrir volontairement les portes de la prison. J'accepte tout cela; ce que je n'accepte pas, ce qui est étrange, plus qu'étrange, une stupidité inusitée, c'est que l'on veuille nous faire croire que quelqu'un qui organise un mouvement révolutionnaire cherche le premier coiffeur venu du village, pour qu'il l'accompagne, allant ensuite ensemble aux endroits où l'on prépare la conspiration; et ce qui parait encore plus incompréhensible c'est que le chef de la rébellion, qui a, comme chef, toutes les terribles responsabilités inhérentes à sa place, se montre si loquace ou se montre si stupide de communiquer à celui qui l'accompagne tous les incidents de la lutte et tous les noms de ceux qui sont engagés.

Ceci équivaudrait à se changer en délateur de ses propes amis et le divulgateur de ses crimes, chose invraisemblable quand il s'agit d'un homme d'esprit médiocre, et encore plus invaisemblable si cet homme est un Ferrer, qui selon ses ennemis était prudent et froid, dissimulé et fourbe, propice, par les inquiétudes turbulentes de son esprit, plutôt à la méfiance qu'au débordement généreux et expansif de la franchise.

Mais l'on veut, pourtant, que cela soit vraisemblable? Et bien, j'accepte la vraisemblance et je vais même plus loin; je vais l'élever à la catégorie d'une vérité dogmatique et à pousser après aux extrêmes, au prejudice de Ferrer, toute la qualification juridique des faits.

En hyperbolisant—je ne trouve pas un mot plus juste—toutes les hypothèses possibles, l'on démontrera que Ferrer avait un véritable intérêt à ce que la révolution ait lieu; que pour cela il avait excité habilement la volonté de ses correligionnaires pour amoindrir les differences et unir les volontés; qu'en plus, et toujours dans le même but je pousse bien loin les hypothèses, il avait eu une conférence avec plusieurs habitants du village de Masnou àfin qu'ils coopérassent au mouvement révolutionnaire de Barcelone. Et qu'est-ce que cela? Que peut-être tout cela? Et bien tout cela signifie que Ferrer devait être un inducteur, un promoteur, un exictateur, un proposant de la rébellion; mais il ne put être un exécuteur matériel de la rébellion et bien moins encore le chef qui la dirige.

Ah! je sais que vous pouvez dire que c'est une opinion à moi, et comme mienne, insigniiante et passionnée; mais j'ai en ma faveur l'opinion de deux autorités: la militaire et la civile, qui faisaient en même temps les enquetes sur les faits eux mêmes. Or le juge civil de Mataro, qui s'occupait des événements arrivés à Premià de Mar, après avoir appelé à déclarer le maire de ce village, son substitut, l'auxiliaire du secrétariat, Puig Ventura, l'ex-maire conservateur et tous les conseillers de ce Conseil municipal, déclara que le délit possible, le délit dont on pouvait accuser Ferrer, c'est celui de proposition de rébellion militaire. Le juge militaire mons. Llivina, qui rapporta, à mon avis violemment (en supposant une entente qui n'existait point) les événements de Premià de Mar avec ceux arrivés à Barcelone le 12 ou 16 d'août, dicta une diligence déclarant que Ferrer était pour suivi comme possible coupable d'un délit d'instigation à la rébellion militaire. L'entendez-vous bien? Mais Emiliano Iglesias (et par ceci je réponds à M. le Ministre de Grâce et Justice), Emiliano Iglesias et Luis Zurdo Olivares sont soumis à un procès avant Ferrer pour le fait qu'on les supposait executeurs matériels du délit de rébellion militaire. C'est clair?

Un jour après avoir arrêté Ferrer à Alella (c'était le 1er de septembre) le Capitaine général demande, M. le Ministre de Grace et Justice, puisque je dois répondre à cet argument qui est à vous, demande, dis-je, la disjonction de la cause Ferrer. Mais séparons à présent, pour un moment, notre vue du procés. Quand le Gouvernement conservateur reçut la nouvelle de la capture de Ferrer, il ne put dissimuler sa joie; il pensa, comme l'on dit les journaux (l'intéressé pourra le rectifier), il pensa à frapper une monnaie ou une médaille commémorative de l'évènement. *(Rumeurs.)* C'est faux? *(M. Cierva:* C'est ridicule). Mais si ceci n'était pas certain, parce que c'est ridicule, et je suis heureux qu'on l'ait nié, vous, M. la Cierva, vous avez récompensé généreusement les membres du *somatén* de Mongat. (*M. Cier-va: exact*), croyant de bonne foi qu'ils avaient réalisé un acte profitable. (*M. Cierva: Un acte de civisme*). Vous le dites: un vrai acte de civisme. La presse conservatrice, et je pense aussi la presse ultramontaine, partici-pa alors des joies ministerielles, et commença à utiliser contre Ferrer le débordement des plus envenimées passions. Chose étrange, très étrange: ce Gouvernement conservateur qui, au nom de l'intérêt national, avait imposé le silence à tout le monde, utilisant, comme le dit un de ses panégyristes «le chloroforme et la chemise de force», ce Gouvernement ne sentit pas le moin-dre scrupule quoi qu'il s'agisse d'une campagne où l'on oubliait les plus élémentaires devoirs de la piété et de la justice: en s'agissant de Ferrer, tout lui sembla licite, tout, même que l'on violat le secret du sommaire et que l'on publiat des documents apocryphes très à propos pour engendrer dans l'opi-nion impressionable d'Espagne un sentiment de haine et d'hostilité contre Ferrer. L'on est arrivé à estimer correct que le procureur du roi, oubliant ce qui étant rudimentaire, est obligatoire à saplace, dise publiquement aux journalistes de Madrid, afin que la nouvelle circulât profusément dans toute l'Espagne, que Ferrer était l'âme du mouvement révolutionnaire.

Comme la campagne semblait licite, elle augmenta, toujours avec plus de force, et il y eut un journal qui au nom de l'opinion, nia l'absolution mora-le à Ferrer à cause du crime de la calle Mayor, affirmant publiquement qu'il avait été complice; l'on sortit du procès, des textes attribués au fondateur de l'École Moderne, dans lesquels l'on insultait avec perversité l'armée et la Patrie; l'on publia des fragments de proclames révolutionnaires, où l'on lé-gitimait l'incendic et l'assassinat, des feuilles clandestines, qui insultaient la Monarchie et le clergé, des formules pour fabriquer *panada* tu te, des plans ténébreux, dans lesquels l'on disait qu'il fallait assassiner le Roi et tous les membres de la Famille Royale; enfin, tout ce qui existe de plus inique, de plus pervers, de plus abominable, ce qui peut causer plus de tort à un hom-me dans la conscience honorable et collective des peuples civilisés.

Ah messieurs! Quand la licence, M. Maura, que de fois j'ai entendu ces apostrophes dans votre bouche! Quand la licence jouit de ia complicité du pouvoir, elle se débarrasse rapidement de tout frein et pénètre sans pudeur et avec des envies de profanation dans ce qu'il y a de plus sacré. C'est ce qui est arrivé ici: l'on ne respecta ni la vie intime de la famille. Pour rendre plus sinistre et abominable la personne de l'accusé, l'on déchira même les voiles les plus délicats dè la pudeur et l'on montra les hontes et les inconti-nences domestiques. Que devait-il en résulter? Une puissante suggestion qui pénétra dans toutes les classes sociales, d'autant plus que depuis ce jour la Ferrer n'était plus Ferrer; c'était un monstre, un anarchiste d'action, éna-mouré par la propagande de fait; un ennemi de l'armée dont il méprisait la discipline comme étant une chose d'esclaves; un détracteur de l'Eglise dont il conspuait sacrilégement les dogmes; il était ennemi de la Patrie du mo-ment qu'il en compromettait les intérêts nationaux avec les vagues rêves d'un cosmopolitisme anarchiste et destructeur.

Messieurs, le sort de Ferrer aurait-il dû nous être indifférent? Nous tous, nous avons au fond de l'âme un sentiment de barbarie qui bien des fois nous oblige à sacrifier la justicie sur l'autel de la vengeance; nous désirons même par une simple impulsion atavique du sang, la mort de la personne que nous haïssons. Et c'est clair! comme l'on disait tout cela de Ferrer et, en outre, l'on affirmait que seule la lâcheté d'un Tribunal civil l'avait absous, la suggestion parvint même aux autorités militaires, et victime d'une pareille suggestion, cela n'étonne point qu'un Conseil de guerre, composé par d'illustres oficiers, soit tombé dans la déplorable erreur que nous déplorons nous tous.

Je n'en peux plus. Je prie M. le Président de me reserver l'usage de la parole pour demain.

M. LE VICE-PRÉSIDENT (Aura Boronat): Voulez-vous vous reposer quelques moments?

M. ALVAREZ: Je désire que l'on ajourne à demain, parce que j'ai encore bien des choses à dire, et je me trouve avec la menace de la grippe, plus que menace, je souffre les effets d'une maladie.

M. LE VICE-PRÉSIDENT (Aura Boronat): L'on suspend cette discussion.

M. LE PRÉSIDENT: M. Alvarez (Melquiades) continue à avoir la parole.

M. ALVAREZ (Melquiades): MM. les Députés ne peuvent s'imaginer l'effort énorme que je dois faire pour continuer ce soir mon discours. Je suis vraiment malade. Par conséquent je procéderai sobrement et très rapidement en ébauchant les raisonnements qui peuvent prouver l'exactitude de ma thèse tout en me réservant de les développer dans l'une des différentes répliques que je devrai sûrement faire.

Vous vous souviendrez MM. les Députés qui'hier je soutins devant la Chambre qu'en lisant attentivement le procès Ferrer on acquérait la profonde conviction de son innocence et celle que la sentence dictée par le Conseil de guerre était, tout en gardant tous les respects dus aux juges, une sentence notoirement injuste.

J'attribuais la responsabilité de cette injustice à des imperfections de la loi qui, par son caractère inquisitorial et restrictif, rend impossible toute défense de l'accusé; je l'attribuais aussi à une campagne suggestive insidieuse préparée par quelques journaux ultramontains et conservateurs d'accord ou tout au moins avec l'acquiescement du Gouvernement; et j'affirmais en plus que le procès Ferrer était un procès vraiment tendancieux et c'est ce qui nous reste à examiner pour montrer toutes les imperfections et toutes les erreurs de la justice militaire.

J'ai l'obligation de prouver mes affirmations devant la Chambre, j'ai l'obligation MM. les Députés de montrer que mes lèvres n'expriment ni la légèreté ni la passion politique mais bien l'honnête conviction d'un homme qui rend un culte sincère à la vérité.

Que devrai-je démontrer à la Chambre MM. les Députés pour la convaincre en premier lieu du caractère tendancieux du sommaire? Je devrai démontrer que cette disjonction que M. le Ministre de la Justice justifiait hier avec une parole sobre et éloquente, au nom du Gouvernement, est une disjonction illégale, decrétee abusivement. Il me sera facile de mettre cela en évidence devant la Chambre.

Comme vous devez faire passer la passion après l'intérêt de la justice vous vous convaincrez, en examinant seulement les dispositions du Code penal de justice militaire, de l'illégalité de cette disjonction, et si je démontre cela, M. le Président du Conseil des Ministres, l'injustice de la sentence sera patente et le motif de la revision manifeste, clair, parce qu'il remplit les prescriptions de la loi.

MM. les Députés, le Capitaine général d'une région représente, selon le Code pénal militaire, la suprême autorité judiciaire du district. C'est elle qui approuve en dernière et définitive instance la sentence dictée par le Conseil de guerre quand le délit qui est soumis à sa compétence est le délit de rébellion militaire.

Si les facultés du Capitaine général d'une région sont, au sens du Code pénal de justice militaire, des facultés presque souveraines d'un Tribunal Suprème en ce qui concerne certains délits, vous comprendrez que l'autorité militaire doit toujours procéder avec cette délicatesse, avec cette rectitude, avec cette impartialité que lui impose la nature de ses fonctions et il ne devra réaliser, il ne pourra réaliser aucune initiative dangereuse qui puisse influencer le jugement inexorable de la loi et de la justice.

Eh bien!, le Capitaine général de Catalogne, M. le Président du Conseil des Ministres, a révélé dans le procès un esprit de mauvais vouloir contre l'accusé Francisco Ferrer Guardia, et s'il vous semble que le mot est impropre, je dirai que le Capitaine général de Catalogne a demontré une absence absolue d'impartialité, de cette impartialité qui est toujours nécessaire, parce que sans elle, la fonction auguste et souveraine de la justice est facilement degradée. Je vais le démontrer.

Francisco Ferrer Guardia fut arrêté par le *somatén* de Mongat le premier septembre sur le route de Alella. Le jour après l'arrestation on décréta la disjonction de la cause de Ferrer pour qu'on put juger le procès séparément.

Comment fut-il décrété? Le Capitaine général de Catalogne, excellent militaire, est un homme ingénu, si ingénu qu'il laisse le témoignage de sa faute dans les pages du procès. Je fais allusion à une communication adressée à l'auditeur de guerre où il lui dit: «Dites-moi quel moyen existe dans la loi pour exiger, avec la plus grande rapidité possible, la responsabilité qui puisse incomber à Francisco Ferrer.» Le document découvre l'âme en la dépouillant de ses euphémismes, c'est comme si le Capitaine général de Catalogne disait à l'auditeur: Dites-moi quels sont les moyens légaux qui existent pour condamner rapidement le prévenu Francisco Ferrer Guardia. *(Rumeurs et protestations.)*

Pourquoi MM. les Députés—ne soyons pas esclaves, au parlement, de formules conventionnelles, car le sommaire a été réparti profusement en Espagne et tout le monde l'étudie et pénètre dans l'esprit qui y palpite—le Capitaine général de Catalogne demande t-il à l'auditeur de lui indiquer les moyens légaux pour exiger avec la plus grande rapidité possible la responsabilité à Francisco Ferrer Guardia?

Pourquoi ne pensa t-il pas à faire le même avertissement quand il s'agissait de centaines de prévenus et de prisonniers compliqués dans le délit de rébellion militaire? Que signifie cela? Un propos de mauvais vouloir, un préjugé innégable contre Ferrer, un désir tenace, résolu, de le compromettre dans une cause dont il se dédui rait simplement une sentence condamnatoire.

Parce que le raisonnement est simple, et comme je parle à un jurisconsulte aussi éminent que M. le Président du Conseil des Ministres, sûrement il coïncidera avec mon opinion sur ce point-ci: si la disjonction était nécéssaire, il était naturel que le juge instructeur militaire qui avait promu le sommaire, qui connaissait les diligences que contenait le sommaire, qui savait les éléments de charge qui existaient contre Ferrer, eut sollicité la disjontion. Il ne le fit pas, et en ne le faisant pas, il faut supposer rationnellement, que c'est parce qu'il ne trouva pas dans la cause des indices d'une culpabilité majeure contre Ferrer, ou parce qu'il crut par erreur que le délit qu'on imputait à celui-ci, était de telle nature qu'il ne réclamait pas, par son importance, un châtiment rapide et exemplaire. On me dira que le juge peut se tromper. Qui en doute? Que le juge peut pêcher par indolence, par négligence et oublier par cela même les devoirs militaires ou les devoirs que lui impose la loi. Cela aussi est certain; mais n'oubliez pas MM. les Députés que l'auditeur a une intervention constante dans le sommaire, et c'est entre autres, son métier, que celui de veiller à l'observation stricte de la loi. De façon que si le juge avait commis une négligence, l'auditeur l'aurait réparcée sûrement, par son activité technique, par sa compétence professionnelle, en sollicitant ou en demandant la disjonction de la cause de Ferrer. Il ne le fit pas non plus, confirmant par conséquent, par son silence, la conduite du juge instructeur militaire. Celui qui le fait, M. Canalejas, c'est le Capitaine général qui ne connait pas le sommaire ni les diligences qui s'y pratiquent ni la culpabilité qui peut atteindre Ferrer, et alors, il est clair que la cause de cette determination doit être une de ces deux choses: ou que le Capitaine général de Catalogne à procédé contre Ferrer par un sentiment inévitable ou par un préjugé d'hostilité et de passion, ou que le Capitaine général de Catalogne a obéi á des ordres secrets du Gouvernement qu'il représentait. S'il le fit, poussé, par une mauvaise passión, ce que je ne crois pas; s'il le fit par un sentiment d'hostilité, ce que je ne crois pas non plus, le Gouvernement devait le destituer inmédiatement, parce que comme il s'agit d'un Capitaine général qui représente la suprême autorité judiciare du district, la passion contre le preveun, si elle existait, l'obligeait nécessairement à être injuste, et aucun Gouvernement ne peut tolérer ni proteger l'injustice. *(Très bien, très bien, dans la minorité républicaine).*

S'il le fit par ordre secret du Gouvernement, alors, M. Canalejas, ce Gouvernement, dans cette hypothèse, aurait commis le plus grave, la plus impardonnable, la plus lâche des fautes, parce que, en se mettant sous la protection de l'honneur et de l'obéissance d'une autorité militaire, il aurait violé la loi au préjudice de la justice, pour satisfaire, du Pouvoir, une vengeance ou une misérable passion politique.

L'initiative dangereuse du Capitaine général de Catalogne pourrait avoir encore une justification, si les diligences du sommaire ou les dispositions de la loi venaient, de quelque façon la justifier.

Par malheur pour le Gouvernement, pour le Capitaine général, il n'y a même pas l'ombre d'un prétexte qui puisse leur servir d'excuse, et pour cela je dois combattre en ce point, le criterium erroné exposé par mon ami particulier M. le digne Ministre de la Justice. C'est vrai, mon compagnon M. Soriano était dans l'erreur en cherchant comme fondement de la disjonction un article du Code de Justice militaire qui n'était pas applicable à ce cas. L'article est le 403 et le numero invoqué par l'auditeur de Guerre, pour justifier la disjonction demandée par le Capitaine général de Catalogne le numero 3. Mais que dit le numero 3? La disjonction era nécéssaire si les preuves de la culpabilité sont inégales, ou si l'importance du délit exige un châtiment prompt et exemplaire. *(M. Soriano demande la parole)*. Au sujet de l'importance du délit je suis de l'avis de M. le Ministre de la Justice. Je vais supposer qu'il s'agisse d'un délit de rébellion militaire parfaitement défini, et qu'à cause de la transcendance sociale qu'il avait eue on imposât un châtiment exemplaire.

Inégalité dans les preuves d'inculpation? De la part de qui était une telle inégalité? Pour cela je disais hier à M. le Ministre de la Justice qu'il n'avait pas lu le procès; maintenant mon devoir est de prouver cette affirmation.

Le procès contient un acte de poursuite contre Francisco Ferrer qui porte la date du 16 août; on le poursuit comme inducteur du délit de rébellion. Emiliano Iglesias avait été poursuivi le 6 du même mois; Luis Zurdo Olivares l'avait été le 12 dudit mois; les deux anterieurement au jour où l'on décréta la poursuite de Francisco Ferrer Guardia. Quand verifia-t-on la détention de Francisco Ferrer? Le premier septembre. Quelles preuves, M. le Ministre de la Justice, apparaissent dans le sommaire depuis le 16 août, date de la poursuite contre Ferrer, jusqu'au premier septembre où se vérifia sa détention?

Je vais vous les narrer; elles sont très brèves; premièrement, une déclaration de M. García Magallán, contenue dans un témoignage du général Brandeis, laquelle se limitait à exprimer une rumeur vague et indéterminée; deuxièmement, une déclaration de M. Puig Pons, juge municipal de Premià de Mar, qui accuse énergiquement M. Domingo de Casas, maire de ce Conseil Municipal, et accuse plus énergiquement encore Alvarez Espinosa, auxiliaire du Secrétariat de ce Municipe, mais qui n'adresse aucune charge concrète contre Francisco Ferrer Guardia; troisièmement, un témoin appelé Manuel Jiménez Moya, exilé à Palma de Mallorca, qui déclare devant la gendarmerie et ne se ratifie pas devant le juge. Ce témoin commence en manifestant que, sans preuves pour s'appuyer (que M. le Ministre de la Justice remarque bien ceci), *sans preuves où s'appuyer*, en s'en remettant à des nouvelles des journaux, et comme jugement exclusivement personnel, il croit, après tout cela, que la révolution de juillet à Barcelone a pu être un essai intenté par la Ligue antimilitariste à laquelle, non comme éléments directeurs, appartenaient Francisco Ferrer et Solidaridad Obrera; et enfin, Narciso Verdaguer Callés, conseiller conservateur du Conseil Municipal de Barcelone qui dit qu'il n'a pas le moyen de vérifier les nouvelles qui sont arrivées jusqu'à lui mais que *par ces nouvelles qu'il ne vérifie pas*, l'initiative de la rébellion partit des anarchistes impulsés par Francisco Ferrer, et se réalisa après par l'intervention de la lie de Barcelone réprésentée par les éléments radicaux de la capitale même; voilà ce qu'il dit.

Il n'y a pas d'autres preuves contre Ferrer. De façon que la situation juridique de Ferrer dans le procès n'a aucunement changé, par aucune de ces déclarations. Si le 16 août il était coupable par induction du délit de rébellion, le 31 août après ces témoignages, il continuait à être coupable par induction du même délit, puisque de tels témoignages n'avaint pas modifié sa position, en l'élevant à la catégorie d'éxécuteur materiel du délit et moins encore de chef. Est-ce clair? *(Rumeurs.)*

Remarquez maintenant autre chose. Depuis cette date jusqu'au 31 août où l'on detint Ferrer, neuf temoins, dont je me souviens, déclarent contre mon compagnon Emiliano Iglesias. Entre autres, deux inspecteurs, M. Ferreiro, et M. Andrade; plusieurs de référence, parmi lesquels se détachaient comme personnes qualifiées, M. le Comte de Santa María de Pomés, representant de la Défense sociale Catholique, et le Député carliste à cette époque M. Mariano Bordás, et comme témoins directs de présence, Juan Coroella, Manuel Girandier et José Oriol de Setmenat, lesquels affirment, *tous d'un commun accord,* que Emiliano Iglesias fut aux barricades où il donnait des ordres, et quelques-uns ajoutent que «ce garçon, ce sont leurs paroles, se compromettait trop».

M. le Ministre de Justice ne voit-il pas l'inégalité des preuves de culpabilité entre Francisco Ferrer Guardia et Emiliano Iglesias? *(Rumeurs.)* Remarquez donc un autre fait. Ouze témoins au moins, si je me souviens bien, déclarent contre Zurdo Olivares, entre eux un M. Ricardo Ros, un autre M. Armadans, un inspecteur, qui, si la mémoire ne me trahit pas, s'appelle, Luis Vela; un autre témoin, M. Luis Planaguina; un moine, frère Ramón Pons; une quantité d'autres témoins tous directs, de presence, qui affirment *qu'ils virent* Luis Zurdo Olivares avec un fusil, ordonnant aux gens de s'arrêter et commandant les groupes séditieux et revolutionnaires de Poblet. M. le Ministre de la Justice le remarque-t il bien? Preuves de culpabilité: majeure pour Emiliano Iglesias et pour Luis Zurdo Olivares; détermination de la culpabilité: majeure pour Emiliano Iglesias et pour Luis Zurdo Olivares; parce que Ferrer Guardia est toujours inducteur de la rébellion; Emiliano et Luis coauteur, éxécuteurs materiels de la rébellion. Inducteur de la rébellion: peine, de six ans et un jour de prison à douze ans. Exécuteur materiel de la rébellion: peine, réclusion perpetuelle à mort. En appliquant le numero 3.º de l'art. 403 du Code de Justice militaire, on devait disjoindre la cause de ce compagnon et celle de Zurdo Olivares; celle de Ferrer devait suivre les naturelles vicissitudes du procès général. Et voyez ses conséquences: Emiliano Iglesias, à notre grand contentement, est ici entre nous; Luis Zurdo Olivares se promène tranquillement par les rues de Barcelone; Francisco Ferrer Guardia, fusillé dans les fossés de Montjuich. Avez-vous la conscience tranquille?... *(Aprobations dans la gauche.—Rumeurs fortes et prolongées dans le reste de la Chambre.)*

En résumé, trois éléments concourent au préjudice de Ferrer: premièrement, les lois pénales, archaïques, inquisitoriales, où la plus petite passion du juge suffit pour rendre la défense impossible; deuxièmement, un préjugé naturel, inévitable, du Conseil de guerre, surexcité dans sa dignité militaire par une campagne pharisaïque, aussi insidieuse que suggestive, qui l'obligeait à voir en Francisco Ferrer Guardia l'ennemi de l'armée et le détracteur censurable de la Patrie; troisièmement, une disjonction décrétée, abusivement par le Capitaine général de Catalogne, comme je viens de le démontrer, dont le but était d'accélerer le procès au détriment de l'eclaircissement de la vérité et au préjudice de la vindication légitime de l'innocence. Croyez-vous que ceci était suffisant? Eh bien! le juge militaire, obsessionné de ce que Ferrer était le chef de la rébellion et comprenant, selon moi, son devoir à l'envers de ce qu'il aurait dû le comprendre; et croyant que l'accusé, étant accusé était culpable, l'enchaîna, moyennant une série d'enquêtes que je ne veux pas qualifier dans un procès vraiément tendancieux (j'adoucis à propos le mot tendancieux). Que fait le juge? Il commence par examiner les dires de Ferrer dans l'enquête et on voit que ceux-ci sont vrais dans leurs moindres détails, et le juge militaire devant cette vérification des dires de Ferrer, ne trouve contre celui-ci aucun motif de culpabilité, et il n'y a ni témoins ni preuves. Que fait le juge? Il publie un édit disant: Que tous ceux qui savent quelque chose contre Ferrer viennent déclarer; pourquoi pas ceux qui savent quelque chose en sa faveur? Quand je lus, M. Maura, cette diligence dans le sommaire, je passai de la surprise à l'étonnement, et de l'étonnement à la stupéfaction. La loi n'autorise pas un pareil abus: la loi exige que le juge éclaircisse les faits avec impartialité, qu'ils soient au bénéfice ou au préjudice de l'accusé, et elle exige qu'on appelle pour déclarer tous ceux qui peuvent fournir quelques éléments de preuve au sujet de l'existence du délit et pour la détermination des coupables; mais si le juge commence par appeler ceux qui peuvent déposer quelque chose contre un accusé et ferme après la porte à ceux qui peuvent déclarer quelque chose en sa faveur, le sommaire, ne sera pas le reflet exact de la vérité, il sera une habileté légale, il sera un artifice fallacieux, trompeur, qui répondra bien souvent au bon désir, mais qui peut être l'oeuvre d'une mauvaise passion, voire d'une injustice.

N'est-ce pas, celà, M. le Ministre de la Justice, une infraction á la loi? Ah! Mais le caractère tendancieux du procès s'accentue encore davantage par une nouvelle diligence du Capitaine général qu'il convient de ponctuer. Vous savez, tous, qu'à Barcelone on instruisait des centaines de sommaires à cause des évènements de juillet; que croyez-vous que fit le Capitaine général de Catalogne? Le Capitaine général de Catalogne publie un ordre circulaire dirigé á tous les juges militaires qui instruisaient des sommaires en leur disant: «Extrayez de ces sommaires tous les indices, antécédents et charges qui soient contre Ferrer et remettez-les au juge instructeur, monsieur Raso Negrini». M. Maura, si vous aviez lu le procès comme je l'ai lu moi-même et si vous aviez vu cette circulaire du Capitaine général, auriez-vous cru, en votre conscience d'homme droit, en votre talent de jurisconsulte éclairé, que ce sommaire avait été légalement instruit. N'y a-t-il pas là un *parti pris* contre Ferrer, un propos d'enchaîner Ferrer, un désir tenace, irrésistible, de condamner Ferrer? Qui en doute! D'un sommaire peuvent jaillir incoherents et vagues, des indices de culpabilité contre une personne, indices qui ensuite apparaissent dans le sommaire même, détruits par d'autres éléments de preuve d'une plus grande efficacité, qui mettent en évidence l'innocence. Le jugement consiste à contrepeser, dans la célèbre et historique balance d'Astrée, tous ces éléments de preuve. Mais, messieurs les Députés, si nous commençons par désarticuler arbitrairement un sommaire, en éliminant le bon du mauvais, l'adverse du favorable, en transportant à la pièce séparée ce qui nuit à l'accusé, la culpabilité contre ce dernier deviendra terrible, écrasante, irrésistible! C'est clair! Car avec ces procédés-là, l'homme aux vertus les plus immaculées paraîtra tout au moins suspect.

Et si cela est dans le procès de Ferrer et personne ne proteste, et on dit encore qu'il n'y a pas l'ombre d'une tache dans le sommaire, M. le Président du Conseil des Ministres, liberal, démocrate, qui ne peut avoir dans ces affaires qui affectent la justice, et par conséquent, le prestige et l'honneur d'un pays, aucune concomitance avec ces gouvernements qui protégèrent les procédés arbitraires des autorités, osera-t-il dire, comme a dit hier monsieur le Ministre, que le sommaire était légal, sans l'ombre d'une tache, ni d'imperfection? Il ne le fera pas, parce que M. Canalejas doit tenir compte, qu'il parle non seulement pour l'Espagne, mais pour l'Europe. (*Rumeurs.*) Pour l'Europe! Il ne le fera pas MM. les Députés conservateurs, qui par votre entêtement rendez impossible votre retour au Gouvernement de l'Espagne. (*Rumeurs dans la minorité conservatrice.*) Non; il ne le fera pas parce que cette majorité de libéraux et de démocrates qui, avec nous, vous renversèrent du pouvoir parce qu'ils estimaient que votre permanence au gouvernement était compromettante pour les hauts intérêts de la Patrie, devra se mettre de notre côté et défendre l'intérêt suprême de la justice et de l'ordre social. Croyez-vous qu'il y a seulement ceci dans le procès? Il y en a plus encore. Par l'effet de cet ordre du Capitaine général, il doit venir au procès de Ferrer des indices, des déclarations, des antécédents, des charges, des témoignages, des renseignements qui se rapportent concrètement à Ferrer, qui sont des charges contre Ferrer, qui sont accusatoires pour Ferrer, mais qui se rapportent à une époque antérieure à celle où se sont passés les événements de Barcelone; et dans ces témoignages il y a une partie favorable à Ferrer: je veux parler du rapport du chef supérieur spécial de la surveillance d'anarchistes, qui dans le tome I de la cause générale comprend les pages 260 à 262 — je fais la citation pour qu'on puisse le compulser — et dans ce rapport, M. Canalejas, il y a les agents chargés de la surveillance de Ferrer qui indiquent toutes las vicissitudes et les pas de ce malheurena personnage.

M. Angel Fernández Bermejo, agent de police, dit: «Le 26 je le vis à Barcelone, il alla à la gare à six heures de soir prendre le train pour Mongat; mais comme la ligne était interceptée, comme il n'y avait pas de trains, il dut sortir de la gare, alla directement par la promenade de Colon et par les Ramblas, et il entra dans l'Hôtel International où, à ce qu'il parait, il soupa ce soir là.» De façon que Angel Fernández déclara que Ferrer avait le propos d'aller à sa maison à six heures du soir, et qu'il revint par la promenade de Colon et les ramblas à l'Hôtel International; mais Fernández Bermejo déclara, comme témoin que, à six heures du soir, il le vit parmi les groupes des émeutiers qu'il y avait sur la place de Antonio López et dans la rue de Atarazanes. Il y avait une contradiction entre son témoignage et la déclaration, favorable à Ferrer; et que fait l'auditeur? Il fait abstraction dans le rapport de ce qui était favorable à Francisco Ferrer Guardia, et remet seulement ce qui est nuisible et ce qui est accusateur.

La preuve? Je dis maintenant au parti conservateur... Les sourires des grands hommes, M. Maura, m'excitent et m'estimulent à lutter. Qui pourrait douter que quelque fois ils prouvent que l'estocade est arrivée jusqu'au cœur. C'est le sourire d'un tragédien grace, auquel on veut dissimuler le chagrin. *(M. Cierva:* Tragédien!—*M. Cierva prononce des mots qu'on n'entend pas.)*

C'est le mot d'un pape célébre que, d'après ce que l'on voit, M. Cierva n'a pas connu.

De façon, M. Canalejas, a qui je m'adresse parce que pour ces choses-la l'opinion du parti conservateur ne m'intéresse nullement, quoique je respecte beaucoup les dignes et illustres individus qui le forment, c'est votre opinion celle qui m'intéresse, et celle du parti libéral pour lequel je sens les sympathies de tout liberal, pour lequel j'ai la communion de tout liberal, de tout démocrate, avec lesquels, bien souvent, en sacrifiant la forme de ce qui constitue notre ideal commun il semble que je sente l'impérieux besoin de me confondre pour défendre ce qui a été sacrifié par la faute des conservateurs *(Rumeurs)*; c'est à vous que je m'adresse. Croyez-vous que lorsqu'on mutile un procès comme on a mutilé celui de Ferrer, vous pouvez, dignement, honnêtement, comme libéraux, comme démocrates, chargés, d'accord avec nous de maintenir le prestige historique de notre pays, croyez-vous que vous puissiez vous refuser à la révision? Si vous le faisiez, je crois que ce serait votre mort, votre suicide.

Mais dans le sommaire il y a encore davantage. Observez ce detail: A tout ceux qui insinuent, M. le Ministre de la Guerre, une idée concrète contre Francisco Ferrer Guardia, s'il était englobé dans le procès, il en est mis hors de cause, s'il est arrêté mais non poursuivi, on le met immédiatement en liberté, s'il n'est ni arrêté ni poursuivi mais il y a des indices de culpabilité pour qu'il soit poursuivi, les poursuites ne sont pas décrétées. Je vais le prouver. Prêtez votre attencion avec moi, aux èvènements de Premia de Mar. Le fiscal considère Ferrer comme directeur des èvènements de Premia de Mar parce que, une heure après être arrivé à ce village, la grève révolutionnaire de Premia prit un caractère violent et anarchique qu'elle n'avait pas aupararant. Le fiscal suppose, en partant d'un raisonnement spécieux, que cette gradation de la grève révolutionnaire de Premia de Mar est la conséquence logique des excitations réalisées par Francisco Ferrer Guardia, mais ce qui est mauvais pour le fiscal c'est ce qui suit; Ferrer Guardia, selon la déclaration de tous les témoins, ne conférencia, à Premia, qu'avec quatre personnes: Puig Ventura, dit le *Llarch;* Domingo Casas, maire; Mustaros, adjoint au maire; Alvarez Espinosa, sécretaire de la Mairie. De façon que si la grève révolutionaire de Premia s'aggrava par suite des excitations de Ferrer et celui-ci ne conférencia qu'avec ces personnes-là, il faut convenir que l'une des deux choses suivantes est vraie: ou ces personnes furent les exécuteurs materiels de la violence ou qu'ils se convertirent en messagers pour transmettre à la masse la propagande séditieuse de Ferrer, et ils sont dans le premier cas: coauteurs de la rébellion, dans le second cas, complices ou auxiliaires de la rébellion; dans l'un et l'autre cas, avec plus que des indices de culpabilité pour être poursuivis. Eh bien, aucun n'est poursuivi par l'autorité militaire et il semble que ses intentions soient de les dépouiller du caractère de courrier pour que leurs déclarations aient la force et l'efficacité qu'ont toujours les témoignages des témoins accusateurs.

Il y a encore plus. D'après mes souvenirs, plusieurs ont déclaré contre le maire: Llérandi lieutenant colonel de gendarmerie, un lieutenant de carabiniers: Puig Pons, juge municipal de Premia de Mar; Alsina, caporal du *somatén* et ex maire de Premia de Mar. Ces personnes et d'autres encore ont déclaré contre Alvarez Espinosa. Contre le *Llarch*, un de nos correligionnaires, car il était républicain, et son propre témoignage qui ne parvient pas à expliquer pourquoi il accompagne Ferrer, de Masnou à Premia de Mar, sachant que l'intention de celui-ci était de proclamer la République et de seconder le mouvement révolutionnaire de Barcelonne. Eh bien, le *Llarch* est poursuivi, et par une simple déclaration de M. Maristany on arrête les poursuites; le maire de Premia de Mar qui est aussi poursuivi, est mis en liberté aussitôt qu'il insinue, dans la cinquième déclaration, qu'il a *la conviction morale* que Ferrer est le directeur de tout ce qui est arrivé; on le met en liberté et les poursuites sont arrêtées, et Alvarez Espinosa contre lequel il y a une infinité de témoignages accusateurs, est arrêté et est mis en liberté sans être poursuivi.

Dites-moi messieurs: ces coincidences n'arguent-elles pas une tache dans le procès? Et nous l'avons tout toléré, et nous le tolerons tout, nous nous taisons tous: presse, politiques, peuple, les uns par intêret, les autres par lâcheté, cultivant ainsi par notre silence l'iniquité et la défaite de la justice. Quelle honte! Quel approbre por le pays!

Je me souvien de ce célèbre héros de Carducci quand, devant une injustice semblable il disait: "Nostra Patria è vile.„ Je ne dis pas qu'elle est vile, non, parce que l'Espagne ne le sera jamais, mais seule la bassesse d'un peuple peut consentir la profanation scandaleuse de la justice. (*Sensation.*)

Croyez-vous, messieurs les libéraux, messieurs les Députés libéraux, messieurs les Députés démocrates; croyez-vous que l'intêrét méprisable d'une concomitance avec le parti conservateur peut vous obliger à sanctionner toutes les injustices et les illégalités de ce procès?

Mais il y a encore davantage.

On récompense les délateurs, on fait appel à tous ceux qui savent quelque chose contre Ferrer; on apporte au procès les indices de culpabilité; on mutile les témoignages favorables à l'accusé, et quand il s'agit de preuves favorables à Ferrer on les refuse. En voici la demonstration inmédiate. Par ordre de ce Gouvernement qui, étant la cause de la rébellion, fut cruel dans la repression comme disait M. Canalejas; par la faute de ce Gouvernement, Soledad Villafranca, Batlori, Listran, José Ferrer, María Fontemberta, Anselmo Lorenzo, et d'autres furent exilés à Teruel, el ils observèrent, avec peine qu'on ne les appelait pas à declarer, et le 28 septembre ils adressent, une lettre recommandée, au juge M. Raso Negrini, en lui disant: "Nous pouvons témoigner de tout ce qui a été fait par Ferrer pendant les jours où se sont developpés les événements de la semaine tragique et nous voulons déclarer dans la certitude de convaincre un si chevaleresque militaire de l'innocence de Ferrer.„

Les lettres qui se perdent, dit un illustre poéte doivent se perdre; les lettres qui arrivent en retard doivent y arriver. Cette lettre arriva aux mains du juge instructeur à quatre heures du soir du 29, et le juge instructeur dit: "La cause a été élevée à plenière et comme alors, seulement les témoins qui ont déposé dans le sommaire peuvent déposer, je n'accepte pas cette demarche de preuve, à mon grand regret.„

Légalement il en est ainssi. Mais, écoutez avec attention. En contraste avec le retard de la lettre de Soledad Villafranca et de ses compagnons, on observe, dans le procès lui-même, une rapidité propre de la rapidite de la lumière du soleil.

Le 28, la dernière démarche du sommaire; le 29, le juge doit selon la loi, faire un résumé de toutes les preuves. Ce résumé occupe dans le procès Ferrer 48 pages imprimées.

Que sont 48 pages imprimées? Soixante feuilles écrites? Moins? 50 pages écrites? Le juge instructeur doit écrire les 50 feuilles avant quatre heures du soir. Le juge instructeur peut être un prodige de vélocité, mais en plus (remarquez bien ceci¹) on présente la cause à la section de Justice de la Capitainerie générale, la section de Justice la reçoit et la remet au Capitaine général, le Capitaine général signe l'ordre en disànt de le passer à l'auditeur, l'auditeur doit examiner la cause, voir si toutes les démarches légales furent faites, si on accorde la suspension de l'affaire ou la conclusion du sommaire ou son élévation à plenière; il fait tout cela et informe; l'auditeur informe, le tout revient à la Capitainerie générale, le Capitaine général élève la cause à plenière, la remet au juge, le juge ratifie cette disposition du Capitaine général, le tout étant exécuté avant quatre heurs du soir.

Dites-moi: est-il vraisemblable, M. le Ministre de la Cuerre, que toutes ces démarches aient été réalisées en des heures si brèves par le juge instructeur, la section de justice, le Capitaine général, l'auditeur, encore le Capitane général et le juge instructeur? Impossible! Impossible! Et cette impossibilité donne la conviction qu'il s'agissait de nuire à Ferrer en lui refusant une démarche de preuve.

Mais, voulez-vous que ce soit possible? Je l'admets, M. Canalejas. Tout cela est possible, tout cela fut effectué avant quatre heures du soir. Mais si je me souviens bien, l'article 460 — je rectifierai la citation si elle est erronée — l'article 460 du Code de Justice militaire, autorise l'auditeur, en plenière, à proposer la preuve. L'auditeur, M. Pastor souffrait la même obsession que le juge Raso Negrini, il crut qu'il accomplissait un devoir strict de la loi en refusant toute preuve favorable à Ferrer. Cela ne prouve-t-il pas la partialité? Vous me direz: «Non, ce doit être une idée inflexible, sévère, restrictive de l'auditeur, erronée mais de bonne foi, respectable.»

Mais ce qui vient contre cela, M. le Ministre de la Guerre c'est que le premier octobre, *deux jours après* que la cause a été élevée à plenière, le témoin Pedro Figueras Blanchs déclara qui n'avait point déclaré dans le sommaire; il est vrai qu'il déclare parce qu'il est un témoin défavorable à Ferrer. De façon que quand il s'agit de favoriser Ferrer, l'interprétation rigoriste de la loi est inflexible; quand il s'agit de lui nuire, la rigueur de la loi souffre une éclipse momentanée.

Et après cela, MM. les Députés, y aura-t-il quelqu'un qui ose défendre la légalité du procès, et quelqu'un qui m'empêche de déclarer devant le pays entier, convaincu, que cette sentence est notoirement injuste *(M. le Minis-tre de la Guerre:* Elle est très juste.)

Il semble naturel qu'après ces enquêtes de preuve, et le sommaire ayant été instruit avec ce caractère tendancieux, on accumulat toutes les charges possibles contre Ferrer, constituant ainsi une espèce de montagne de folios, impossible à détruire. Je réponds aux journaux conservateurs, qui sont des organes de l'opinion et ont ici une très digne représentation, en leur disant qu'il n'y a contre Ferrer aucune charge qui ait la moindre consistance, ni une apparence—y a-t-il quelque chose de plus insignifiant qu'une apparence—ni un atome de vraisemblance. Et c'est que la vérité a une telle force qu'elle pénétre à travers les interstices du sommaire en détruisant, par ses révélations, cet artifice friable, œuvre de la passion et de l'imagination. Contre Ferrer il n'y a rien.

Contre Ferrer il n'y a rien. Voyons si un illustre jurisconsulte comme M. Dato, avec lequel nous avons livré tant de batailles, les plus modestes lettrés de cette ville, voyons, dis-je, si un illustre jurisconsulte d'un esprit aussi équilibré et d'une mentalité aussi pondérée peut présenter à la Chambre une preuve convaincante de la culpabilité de Ferrer. Non; ce qu'il y a, c'est que toutes les déclarations se répètent jusqu'à la satiété, quelques-unes six ou sept fois, en croyant sans doute qu'à force de les répéter, les charges contre Ferrer se multipliaient, par une espèce de vertu prolifique. Et il n'y a rien plus. On apporte au procès des attestations de Manuel Velázquez, du lieutenant de gendarmerie Rafael Montes, deux attestations de Feliciano Salagaroy, inspecteur de police, une autre de M. Alonso, lieutenant de carabiniers, des enquêtes de Ramón Carbonnell, et comme toutes se rapportaient aux évènements de Premia de Mar, et déterminaient juridiquement une responsabilité insignifiante pour Ferrer, parce qu'il est, si l'on veut, responsable de proposition ou tout au plus inducteur à la rébellion, le juge sent le besoin de s'orienter vers ce qui était arrivé à Barcelone, la partie transcendentale et grave.

Il procède avec célérité. Quand il se souviet de faire cela, il était tard. Le mois de septembre touchait à sa fin; la rumeur de la prochaine ouverture des Cortes circulait dans le pays, et comme si le juge eut craint que l'ouverture des Cortes empéchât la condamnation de Ferrer, il appela sans demeure plusieurs témoins. Ce sont ceux-ci, rien que ceux-ci: Zurdo Olivares, Baldomero Bonet, M. Ugarte, deux soldats du régiment de dragons de Santiago, le colonel et le capitaine du régiment de Santiago, l'agent de vigilance, Angel Fernández Bermejo et le redacteur de *El Siglo Futuro*, Santiago Colldeforns. Ce sont des témoins avec des particularités très suspectes. Ardid, dans un élan de noble sincérité dit: «Quant à moi, j'eus toujours Ferrer en aversion» circonstance qui constitue une tache légale et qui rend son témoignage récusable, Bonet dit: «Entre mon parti et Solidaridad obrera il y eut toujours un antagonisme irréductible» ce que je sais de Ferrer, *je ne le sais point directement mais bien par des rumeurs, par les nouvelles des journaux* qui sont arrivées jusqu'à moi; les soldats du régiment de dragons présentent une note qui se prèterait à la joie de la critique, si cette joie pouvait être autre chose que macabre par la tragédie que le procès a produite, les soldats ne connaissent pas Ferrer, mais il parviennent à le connaitre parce que, le 26 juillet, ils voient un homme sur la Place Antoine López, habillé de bleu, avec un chapeau de paille. Ils en furent étonnés, et je comprends qu'ils auraient pu être étonnés si, dans le mois caniculaire il avait été habillé de fourrures, mais un homme, au mois de juillet, habillé en bleu et chapeau de paille, ce qui est l'habit du 90 por 100 des espagnols à cette époque, ne pouvait étonner que deux soldats du régiment de dragons de Santiago *(Rumeurs)*. Mais celà les étonna. Il avait le chapeau de paille incliné sur le front, ils ne le virent qu'un moment, un rapide moment, le moment où Ferrer tournat la face vers un soldat et lui dit: «Ne peut-on pas lire cela» et rien plus. Et deux mois après, ils regardent par une petite fenêtre de la prison cellulaire de Barcelone, Ferrer avait enlevé sa barbe, était transformé, ne portait ni habit bleu, ni chapeau de paille... et ils le reconnaissent immediatement. Quelle coïncidence! Quels physionomistes? *(Rumeurs.)*

Messieurs: est il possible que l'on croie que l'opinion espagnole est composée d'imbéciles et d'idiots, que ce témoignage puisse apporter la conviction à la concience de quelque personne honnête. *(Approbation dans la minorité républicaine.)*

Mais, vous voulez que ce soit vrai? Admis. Que déclarent tous ces témoins. Que Ferrer fut le 26 à Barcelone, où il lut un arrêt, sur la place de Antonio López, où on déclarait l'état de siège. Mais cela Ferrer ne le nie point! Au contraire, Ferrer explique lui-même tous ses pas, et il suffit de le suivre avec soin, de savoir les conférences qu'il célébra ce jour-la et les affaires qui occupaient son esprit pour être convaincu que Ferrer rêvait à tout excepté à préparer des révolutions. Il était, dans tous ces préludes de la semaine tragique, un simple spectateur, comme je le serais moi, sympathisant avec ces évènements. Mais auteur! A quoi sert la tête que nous portons sur les épaules?

Et moi je vous dis: si Ferrer avait été un collaborateur actif de la rébellion, et, plus qu'un collaborateur, le chef qui la personnifiait, son intervention ne serait passée inaperçue pour personne; il me semble que c'étaif le plus logique. Puisqu'il s'agissait d'une personne qui avait le triste privilège d'être haïe par tous ou presque par tous, chaque citoyen serait un Argus qui surveillerait ses mouvements. Eh bien, l'inspecteur, le chef de la surveillance, tous les inspecteurs, de l'ordre public et de la sûreté, M. Ossorio Gallardo, le chef de la gendarmerie, le général Brandeis, tous les agents de la surveillance, une infinité de témoins spectateurs du fait, les défenseurs ou représentants de la Défense Sociale Catholique déclarent, et personne n'ose dire, avoir vu Ferrer dans les barricades de Barcelone. Ce que font quelques uns qui veulent l'acuser, c'est de se mettre lâchement sous le bouclier de la rumeur publique, comme s'ils craignaient la responsabilité du parjure, ou d'établir, pour affirmer sa responsabilité, une espèce de filiation spirituelle entre les idées de l'Ecole Moderne et le caractère des évènements de la semaine tragique; mais vous savez assez que la rumeur est un indice si léger qu'il n'est suffisant, pour accuser personne, et cette prétendue filiation, dans le cas où elle existerait, serait tout au plus un acte d'induction indirecte, qu'on ne punit pas dans nos lois pénales, qu'on n'a jamais puni, en dehors des temps inquisitoriaux, qui n'a jamais eu assez d'efficacité pour priver un homme de la vie, á moins qu'on ne fasse rétrogader l'esprit à l'époque de la barbarie.

Si ceci est tout, où est la preuve de culpabilité contre Ferrer? Il y a plus: Ferrer était un homme redoutable, suspect depuis le crime de la calle Mayor; comme homme redoutable, on le surveillait constamment par ordre du Gouvernement. S'il était intervenu dans les événements de Barcelone, il était naturel que la police fût la première à le témoigner. Eh bien: Carbonell et les agents de surveillance Sánchez Tembleque, Ramón Ruiz, Angel Fernández Bermejo comparaissent; aucun d'eux n'ose dire qu'il ait vu Ferrer depuis le 27 où commencèrent les événements jusqu'au premier septembre où il fut détenu à Alella par le *somatén* de Mongat. A moins d'être le fantôme invisible dant parle le célébre romancier Weis, il faut convenir que Ferrer n'intervint pas dans les événements de Barcelone, et s'il n'intervint pas dans les événements de Barcelone, nous devrons reconnaître que la sentence dictée par le Conseil de guerre est une erreur des plus déplorables.

Veut-on davantage? Avec beaucoup de violence, témérairement, on pourrait soutenir la culpabilité de Ferrer comme coupable du délit de rébellion; s'il n'était pas intervenu personnellement on avait trouvé des proclamations écrites par lui pour exciter les masses à la rébellion et faire l'apologie de la révolution. Eh bien; dans les nombreuses enquêtes de la police, on ne trouva pas une seule proclamation écrite par Ferrer, ni un placard qui soit son œuvre, ni un article de journal qui réponde directement ou indirectement à ses inspirations.

Dans les dossiers, M. Canalejas, il y a des circulaires que l'autorité militaire ne trouve dans aucune des perquisitions et cependant dans l'une d'entre elles on ouvrit les murs, on fouilla les puits, on pénétra dans les caves, et 40 soldats du génie pratiquèrent pendant trois jours une perquisition minutieuse. Ils ne trouvèrent rien. Ah! mais M. Cierva... *(M. Cierva prononce des mots qu'on ne perçoit pas clairement.)* Mais il me semble que dans le fait de vous nommer il n'y a pas d'offense pour vous!

M CIERVA... Je m'adresserai à la majorité.

M. LE PRÉSIDENT: Adressez-vous à la Chambre.

M. ALVAREZ (Melquiades): M. le Ministre de l'Interieur du parti conservateur donne l'ordre à la police de pratiquer une perquisition et celle-ci se pratique quand la cause est soumise aux prérogatives de Guerre et c'est la police qui instruit des enquêtes, pratique des déclarations, dresse des procès verbaux les remet directement au juge instructeur, et dans un de ces actes et perquisitions il trouve ce que ne trouve pas l'autorité militaire: circulaires, proclamations qui viennent en partie aux dossiers, car une partie de ces dernières reste soit au Gouvernement civil ou à la Capitainerie générale, et, sans doute parce qu'elles sont étrangères à l'affaire ne sont pas apportées au procès Ferrer.

Dans ces proclamations on fait une apothéose délirante de l'anarchie la plus furibonde et la plus absurde, et ces proclamations sont écrites à la machine et ne furent pas reconnues par Ferrer (je n'omets aucun détail) ne furent pas reconnues par Ferrer; ce qui est c'est qu'on peut reconnaitre une lettre *t* du mot *actes*, et une syllabe *ba* du mot *trabajo*. On appelle, en qualité d'experts, deux sergents qui furent maitres d'instruction primaire, ils reconnaissent une syllabe *ba* et une lettre *t*, et disent: «Les éléments certains sont peu nombreux; nous ne pouvons former un jugement exact; on les dirait écrites de la même main»; et le fiscal dit: «D'après l'opinion des experts, elles sont écrites par le main de Ferrer»; de ceci on déduit bientot que les proclamations sont l'œuvre de Ferrer. Et le fiscal dit devant le Conseil de guerre que ces proclamations sont le programme de la révolution de juillet, quoique n'étant pas écrites par Ferrer et datant de 17 ans avant la révolution de juillet. *(M. Canals:* Celle — là fut bien reconnue par Ferrer comme lui appartenant et se trouve dans les livres.— *M. Soriano:* Vous ne dites pas vrai, M. Canals, l'ancien anarchiste M. Canals.— *Rumeurs.)*

M. LE PRÉSIDENT: De l'ordre, M Soriano Je priè M. Canals de ne pas interrompre.

M. ALVAREZ (Melquiades): M. Canals en ce qui est relatif à la proclamation datant de dix sept ans qui fut reconnue par Ferrer en ces termes: «C'était le reflet d'une époque où je professais des idées révolutionnaires»; mais cè que je veux dire c'est que les proclamations et les circulaires qui ont 16 ou 11 ans de date, ce que je ne sais bien, et qui servirent de fondement pour accuser Ferrer, ne furent pas reconnues par Ferrer et il n'y a aucune possibilité de les donner comme preuves contre lui. *(M. Canals:* Il y a autant d'anarchisme dans les unes que dans les autres.— *Rumeurs.* — *M. le Président agite la clochette et demande de l'ordre.)*

Et il ne reste, MM. les Députés qu'un témoin: Colldeforns ennemi par ses idées de Ferrer, correspondant de *El Siglo Futuro* qui, dans ses correspondances adressées de Barcelone à ce journal, manifesta qu'il avait vu Ferrer à la tête de groupes révolutionnaires pendant les jours de la semaine tragique. Le correspondant de *El Siglo Futuro* apparait comme par enchantement le 26 septembre quand on va déclarer que le sommaire est terminé, et en vue de ce qu'il dit dans son journal, le juge l'appelle pour déclarer; Colldeforns se vit pris; il devait déclarer ce qu'il avait dit dans le *Siglo Futuro,* mais le remords naquit dans sa conscience et il commence à pallier son accusation et dit que «le 27, *s'il s'en souvient bien*»; il n'y a rien d'étonnant à ce qu'il se souvienne mal, et qu'au lieu de voir Ferrer le 27, il l'ait vu le 26 quand tout le monde de Barcelone le vit. Cela parait logique parce que le témoin dit «qu'il vit le 27 *s'il s'en souvient bien*».

Il ne connaissait Ferrer que par un portrait, mais en passant par la Rambla il vit un groupe et il entendit dire: "la-bàs, va Ferrer„ et alors il le connut et dit qu'il commandait—et maintenant je m'adresse à un cher compagnon militaire—*en apparence* un groupe. De façon qu'il y a deux distinguos, *s'il m'en souvient bien,* le 27, il commandait *en apparence;* il n'affirme point qu'il commandait. Le fiscal dit: «Colldeforns affirme catégoriquement qu'il le vit le 27 et commandait un groupe.» Y a-t-il quelque chose d'étonnant qu'à la vue de cette affirmation le Conseil de Guerre, composé de membres éclairés, vos compagnons, crussent que le fiscal avait raison? Y a-t-il quelque chose d'étonnant à ce que, prêtant foi aux dires du juge et du fiscal et à l'assesseur qui aussi dénaturalisa les faits *(M. Amado:* et à leur conscience), et à leur conscience, crut, le Conseil dis-je, que Colldeforns déclara ce qu'il n'avait pas déclaré prêtant foi à ce que dit le fiscal par erreur et à ce qu'affirme plus erronément encore l'assesseur, soutenant que Ferrer commandait un groupe et était en effet chef de la rébellion.

Y a t il quelque chose d'étonnant? Non. Pourquoi? Parce que dans les Conseils de guerre — ne trompez pas les gens car j'ai assisté à des conseils de guerre —, quand il s'agit d'une cause volumineusé, il est impossible que chacun des officiers puisse étudier et lire tous les documents de la cause. *(M. Amado:* Ce n'est pas nécessaire.—*Rumeurs.)*—Certainement que ce n'est pas nécessaire. *(M. Amado:* Le juge les lit bien.—*Grandes rumeurs dans la minorité républicaine. — M. le Président réclame de l'ordre.)* Veuillez attendre, ils ne lisent pas toutes les déclarations du sommaire, ils ne peuvent pas les lire. *(M. Amado:* Oui, monsieur. — *M. Soriano:* C'est l'Aznar de ce moment.—*M. Amado:* Ce qui m'honore beaucoup.) Ne vous entêtez point à soutenir ce qui est absurde parce que la lecture que fit le juge à l'accusé et au défenseur dura dix heures. Quoiqu'il n'y eut eu que deux officiers du Conseil qui l'eussent lue ils y auraient mis vingt heures, et comme dans le Conseil ils ne furent réunis que quatre heures pour prononcer le jugement, et il n'était pas nécessaire qu'ils le fussent davantage. *(M. Amado:* Cinq.) Cinq heures pour juger, six heures pour juger, je vous en accorde une de plus, sept heures pour juger, il est impossible que dans les sept heures, tous les officiers du Conseil pussent lire toues les documents du sommaire *(M. Martín Sánchez:* Mais ils lisent les déclarations les plus importantes une à une.—*(Grandes rumeurs dans la minorité républicaine.—Le Président réclame de l'ordre)* C'est bien, M. Martín Sánchez; ils lisent les documents les plus importants; mais comme les témoins sont nombreux et ils ont déclaré au moins cinq ou six fois et qu'ensuite en les lisant ils doivent mettre au moins dix heures pour une seule fois, comme ils ne restèrent que cinq, six ou sept heures réunis ils durent nécessairement admettre ce que leur disait le juge. Sommes-nous d'accord? *(M. Martín Sánchez:* nous ne sommes pas d'accord.) Eh bien! Le juge fait le résumé, il omet tout ce qui est favorable à Ferrer. Il consigne tout ce qui est nuisible à Ferrer et comme si cela ne fut point suffisant, il ajoute par erreur ce que n'ont pas dit les témoins. *(Rumeurs.—Le Ministre de la Guerre:* Ce n'est point exact. Cela ne se fait dans aucun Conseil de guerre.—*Protestations des républicains.)*

Que M. le Ministre de la Guerre ne s'entête point à nier un fait que je puis prouver. Si M. le Président du Conseil des Ministres le nie, j'ai ici des notes où sont toutes les dates et je lirai les déclarations et je démontrerai que le juge instructeur fait dire aux témoins ce que les témoins n'ont pas dit. *(M. le Ministre de la Guerre:* Ce n'est point exact, prouvez-le.) Nous le verrons *(Plusieurs Députés:* Maintenant, maintenant. — *Le Ministre de la Guerre:* Prouvez-le — *Rumeurs prolongées)*. M. le Ministre de la Guerre, le juge instructeur, le chef supérieure de la Police dit: (folio 19) qu'il a eu l'occasion d'apprécier le labeur constant des éléments anarchistes qui existent en grand nombre, tendant tougours à la perturbation de l'ordre public, en se voyant quelquefois protégés par le parti républicain exalté qui, en plusieurs occasions, accorda sa protection à des anarchistes...) Ensuite il parle du labeur de l'Ecole Moderne eu relation avec le procés Ferrer et, en coupant, pour abréger le juge omet que le chef de Police déclare *qu'il ne peut préciser quels étaient les organisateurs les directeurs et les initiateurs du mouvement révolutionnaire* (Page 23). *(Les rumeurs continuent).* Mais croyez-vos que j'ai étudié le procés pendant un mois pour dire ici des inexactitudes? *(M. Cierva.* Vous en avez déjà dites et je vous le démontrerai).

Et moi je rectifierai si vous me démontrez que je suis dans l'erreur. *(M. Cier-va:* je suis sûr que je vous rectifierai). Soyez certain que si j'ai commis quel-que erreur je la rectifierai honnêtement. *(M. Cierva;* J'en suis sur.) Qui en doute! Mais je suis certain que je n'en ai commis aucune. *(M. Cierva:* nous le verrons.) «Le sergent de gendarmerie Manuel Velázquez, exprime que le 28 Ferrer s'était présenté à Masnou et avait adressé la parole à quelques éléments aux idées avancées.» C'est ce que dit le juge en le mettant dans la bouche du sergent, et le sergent ne dit point cela. Il dit: «Je fus informé que Ferrer s'etait présenté à Masnou.» Entre manifester qu'il fut informé qu'il s'était présenté à Masnou et attribuer au sergent la déclaration catégorique qu'il s'était présenté à Masnou il y a me semble-t-il une grande difference. *(Fortes rumeurs).*

Il attribue au coiffeur de Masnou que Francisco Ferrer disparut le 29 et qu'on ne l'avait plus revu. Ce n'est pas le coiffeur de Masnou qui le dit, c'est le sergent Velázquez, mais le juge commet une erreur et l'attribue à une personne complètement distincte.

J'ai plusieurs notes *(plusieurs Députés:* Indiquez-les). Que voulez-vous? *M. le Ministre de la Guerre:* Que vous le proùviez—*Protestations dans la minorité republicaine. — MM. Soriano et Lerroux prononcent des mots qni ne sont pas compris.* Voulez-vous plus de preuves? En voici une: Le juge procédant à l'interrogatoire de Ferrer lui dit: «Comment niez-vous que ces documents aient été trouvés chez vous? — Il répond: «chez moi, non»— Mais Soledad Villafranca y José Ferrer votre frère étaient présents! Et lui, manifeste «Cependant ils ne sont pas à moi.»

Et en effet, dans cette descente, ni Soledad Villafranca, ni Francisco Fe-rrer n'étaient présents *(M. Iglesias y Ambrosio.* Ils étaient éxilés à Téruel). Ils étaient éxilés à Téruel. Ce qui est arrivé c'est que le juge, je ne dis pas mali-cieusement, mais par erreur, les confondit *(Fortes rumeurs; plusieurs Dépu-tes prononcent des mots l'on n'entend pas bien).* Comment vais-je me trom-per si je me suis assimilé le procès! Je ne lis pas davantage *(Murmures).* Qu'il soit bien établi que Colldeforns n'affirma point que ce fut le 27, mais bien qu'il dit: *si je me souviens bien:* Il n'affirma point qu'il fut à la tête, mais bien *qu'en apparence* il était à la tête, et quand on lui demanda ce que fit le grou-pe que commandait en apparence Francisco Ferrer il dit: «Il ne faisait rien d'anormal.» Où est le chef de rébellion?

Je ne sais pas si après cet effort surhumain je pourrai même venir à la Chambre. Plaise à Dieu que je puisse! mais ce que je vous dis... *(Ru-meurs.)* Oui, je viendrai, soyez sans inquiètudes, je viendrai. *(Les rumeurs continuent).* Mais ce que je vous dis c'est que lorsque le pays saura ce qui est arrivé avec le procès Ferrer Guardia, le pays sera scandalisé qu'on ait condamné un homme à la dernière peine par suite de ce procès.

Et le pays sera plus scandalisé encore de ce qu'un parti conservateur, chargé de servir la Patrie, de servir le Trône, de ne pas compromettre de hauts prestiges, se soit nié, par orgueil plus que par dignité, à conseiller au Roi et au nom de la justice, l'emploi de la grâce. La moindre des choses que puisse faire un politique consciencieux qui étudie le procès, qui se con-vainq de ce qu'est le procés, c'est de respecter le jugement du Conseil de guerre, qui pour cela a l'autorité de la chose jugée, mais aussi de reconnaitre que ces dignes chefs et officiers, victimes de l'erreur el de la suggestion, en voulant bien faire n'y parvinrent pas, en voulant faire justice, en ayant la ferme volonté de faire justice, commirent l'erreur de dicter cette sentence condamnatoire.

Que je n'ai aucun interêt (je l'entends dire quelque fois et cela me fait de la peine de savoir jusqu'où est arrivée la subversion des idées morales dans la conscience de mon pays) à defendre Ferrer! On me dit: C'était un homme abomimable, un être odieux, une personne de mauvaise volonté et de mauvaise vie; s'il ne fut point criminel dans la rébellion militaire de Barcelone, il le fut pour d'autres faits; c'est la justice inexorable. Et je me souviens alors de ces phrases de Terence: *homo sum nihil humanum ame alienum puto,* "ce qui interesse l'homme intéresse l'Humanité.» Et quand je vois un homme, pour si abomoninable, pour si criminel, pour si dégradé qu'il ait été, condamné à mort en étant innocent, il semble que toute la conscience de l'Humanité se rebelle du fond de mon esprit et exècre au nom de la justice tous ceux qui ont commis une erreur semblable.

Pensez MM. les Députés qu'au dessus de la force, qu'au dessus du courage, qu'au dessus des grandeurs matérielles, se trouve la grandeur morale de la justice. Danton, le célèbre révolutionnaire, quand il légitimait *la Terreur* répondait à ceux qui lui demandaient: «Pourquoi légitimez vous la terreur?»; en disant: «Bien souvent il faut commettre le crime au pouvoir pour éviter que le crime soit commis par le peuple.» Pour moi, je ne dis point cela, non, mais je dis, MM. les Députés, qu'il faut faire justice, et quand la justice, pour des raisons politiques, s'absente des Tribunaux, c'est alors que surgit inexorable, terrible et vengeresse la justice du peuple.—(*Très bien. Applaudissements dans la minorité républicaine.)*